Atrevete
a ser
Libre

Misión: Proclamar la Transformación y la Verdad
Editorial: Transformed Publishing, Cocoa, FL
Sitio web: www.transformedpublishing.com
Correo electrónico: transformedpublishing@gmail.com

Esta obra está basada en las experiencias de vida de la autora, su estilo de vida, investigaciones, opiniones personales y recuerdos de eventos. Es una memoria, testimonio y recurso; escrito con discreción y sin intención difamatoria, con el fin de animar a otros, especialmente a quienes hayan vivido experiencias similares para contar su historia.

A la autora se le otorgó permiso para mencionar los nombres de personas que formaron parte de su camino. Otros nombres fueron cambiados ficticiamente.

Cualquier parecido con experiencias de vida de otras personas, eventos reales, lugares o personas, vivas o fallecidas, es completamente coincidente.

Todas las imágenes fueron obtenidas por la editorial a través de una suscripción paga y acuerdo de uso con Storyblocks.

La autora utilizó inteligencia artificial para investigar y organizar la información. Las citas proporcionadas por la autora están indicadas en la sección de Notas Finales, y las organizaciones mencionadas que respaldan sus afirmaciones están identificadas en la sección Libros y Sitios Web Recomendados para Apoyo Adicional.

ISBN: 978-1-953241-74-0

Atrevete a ser Libre

a ser

Desde la soledad al empoderamiento

Disponible en Inglés y Español

Julia Manriquez

Dedicatoria

Dedico este libro a las muchas mujeres que conocí en el camino, quienes compartieron conmigo sus testimonios y a quienes estoy eternamente agradecida.

Pero, sobre todo, a alguien que ya no está con nosotros y que dio su vida por lo que creía que era su amor. Que Dios te tenga a Su lado. Gracias infinitas a Diana, Veronica y todos aquellos que colaboraron en la elaboración de este libro.

ÍNDICE

INTRODUCCIÓN

Desde el momento en que la Biblia mencionó que la mujer fue creada a partir de la costilla del hombre, algunos hombres han creído erróneamente ser sus dueños. A lo largo de la historia, y en nuestra sociedad, muchas mujeres han sido menospreciadas, denigradas y han recibido poco reconocimiento por sus verdaderas capacidades y virtudes innegables. Tal vez eso es lo que asusta a algunos hombres, quienes, en su intento de controlarlas, recurren a la fuerza y la opresión.

En algunas culturas, las mujeres ni siquiera son dueñas del fruto de su vientre, sin participación en decisiones importantes o cargos relevantes. Su papel se limita a las labores del hogar, y con frecuencia son obligadas a casarse contra su voluntad.

En ciertas sociedades, las mujeres no tienen derecho a opinar y deben caminar varios metros detrás de los hombres. Se les obliga a usar zapatos que deforman sus pies y a obedecer en todo a sus esposos.

El abuso psicológico y verbal es una manifestación de esta larga historia de opresión. Este tipo de abuso no deja marcas visibles, pero sus efectos son devastadores. Las mujeres que sufren abuso psicológico y verbal enfrentan desprecio constante, manipulación y control que minan su autoestima y su sentido de identidad. Es una forma insidiosa de violencia que, aunque invisible, resulta profundamente destructiva.

Escribo este libro porque siento que se lo debo a las mujeres que están viviendo, o han vivido, la terrible experiencia del abuso verbal, psicológico, físico, económico y sexual. Lo hago porque yo misma sufrí dos abusos crueles y difíciles de olvidar: el verbal y el psicológico. Logré escapar de esas redes enmarañadas y hoy encuentro propósito en guiar y ayudar a otras. Primero, para que entiendas la situación en la que te encuentras, y luego, para que encuentres el valor de salir de ella o, al menos, sepas cómo defenderte mientras reúnes la fuerza necesaria para dejar atrás situaciones dolorosas. Puedo asegurarte de que, si te lo propones, puedes lograrlo.

Mi situación parecía casi imposible, pero me aferré a ese "casi" y, con la ayuda de Dios, lo logré.

Hoy soy una mujer realizada en busca de crecimiento espiritual, algo que hubiera sido imposible de alcanzar dentro de una relación abusiva. Te contaré lo que viví, todo el dolor que tuve que soportar, y lo que aprendí en el camino. Escribí este libro con la necesidad de romper el silencio que rodea el abuso psicológico y verbal. Al compartir historias, experiencias y recursos, quiero empoderar a las mujeres para que reconozcan el abuso, se liberen de sus opresores y encuentren la fuerza para reconstruir sus vidas. Quiero que cada mujer sepa que no está sola, que su voz importa y que tiene el derecho y la capacidad de vivir una vida libre de miedo y control.

La frase "Rompe el Silencio" es un llamado a la acción, la empatía y la solidaridad. Es una invitación a todas las mujeres a alzar la voz, contar sus historias y unirse en la lucha contra el abuso. Porque cada vez que una mujer rompe el silencio, se abre una puerta hacia la libertad para muchas otras. Juntas, podemos desmantelar las estructuras de opresión y construir un mundo donde cada mujer sea valorada, respetada y libre.

PARTE I: MI TESTIMONIO

Te contaré historias de romance que pueden parecer una droga alucinante. Al principio, vivimos un idilio en el que los sentimientos y emociones alcanzan niveles febriles, y creemos que eso durará para siempre. Sin embargo, incluso en las relaciones más destructivas, los comienzos suelen ser intensos, llenos de emociones y expectativas.

Con el tiempo, la mujer empieza a sentirse incómoda e insuficiente, y su vida anteriormente próspera puede ser descuidada o incluso abandonada.

Mi historia comienza cuando conocí a Mark a los veinte años, en la playa. Él venía a bordo de un rompehielos desde Norteamérica, en camino a la Antártida. Mis compañeras y yo disfrutábamos de unas vacaciones tras un año universitario agitado, y aunque no hablaba mucho inglés, una de mis compañeras entabló conversación con él. Mark me invitó a mostrarle la ciudad, y acepté.

El día que pasamos juntos fue encantador. Su amabilidad y paciencia con mi inglés me cautivaron. Nos mantuvimos en contacto durante más de un año por medio de cartas, y cuando Mark regresó a Chile, nuestra relación se volvió más íntima. A pesar de notar algunas irritaciones de su parte, las ignoré, pensando que era algo normal.

Un día, recibí una llamada de un mexicano que me informó que Mark quería invitarme a visitarlo a Estados Unidos, con todos los gastos pagados. Mi madre insistió en que solo podría ir si estábamos casados y él venía a buscarme, lo cual Mark aceptó. Aunque estaba emocionada, también me sentía triste por dejar todo lo que conocía. Sin embargo, la oportunidad de mudarme a Estados Unidos con Mark era tentadora.

Los primeros meses en California fueron tranquilos. Vivimos en casa de un amigo de Mark antes de mudarnos a nuestra propia vivienda. Fue entonces cuando comencé a notar el verdadero carácter de Mark. Sus reacciones desproporcionadas ante pequeños errores míos me hacían sentir inadecuada. Empecé a preguntarme por qué no podía hacer nada bien para él. Su comportamiento oscilaba entre la calma y una ira descontrolada, y aunque al principio traté de entenderlo por su pasado doloroso, la situación empeoró.

Las humillaciones y el abuso verbal se volvieron frecuentes, y Mark me controlaba meticulosamente. A veces, su furia era tan intensa que ponía en riesgo mi vida. Te sientes atrapada en un rincón oscuro, como un ratón acurrucado en su pequeño refugio. Cada vez que intentas moverte, te das cuenta de que tus esfuerzos son en vano, como si estuvieras atrapada en un laberinto sin salida. La desesperanza se apodera de ti al ver que, por más que lo intentes, la situación no cambia, o incluso empeora. El control que creías tener ha desaparecido, dejándote en una posición en la que cualquier intento de cambio parece inútil. Sientes que estás atrapada en una telaraña invisible que no puedes romper, y la impotencia se convierte en una sombra constante que nubla tus pensamientos y emociones.

En medio de esta situación opresiva, la soledad se vuelve tu compañera más constante. Aunque estés rodeada de personas, sientes que nadie realmente te ve ni te comprende. Es como si estuvieras aislada en una burbuja de incomprensión, donde los intentos de comunicarse son absorbidos por el silencio. Esta soledad no es solo ausencia de compañía, sino una desconexión profunda con el mundo exterior. A veces, sientes que observas la vida pasar desde una distancia segura, sin poder participar ni ser parte de ella. La soledad se convierte en una carga emocional, un peso que llevas contigo en cada momento del día.

Cada palabra hiriente y cada acto de desprecio parecen reducirte a una sombra de lo que solías ser. Las críticas constantes y los comentarios degradantes te hacen sentir que ya no tienes valor, como si te hubieran despojado de tu dignidad y autoestima. Cada día parece una lucha por mantener un fragmento de tu identidad en medio de un torbellino de negatividad y humillación. La sensación de ser menospreciada se convierte en una herida abierta, una que nunca parece sanar del todo. Sientes que el espacio en el que te encuentras te limita, y que cualquier intento de mejorar o salir de esa situación es bloqueado por una barrera invisible de desaliento y desprecio.

"¿Seré yo la loca?" era una pregunta recurrente que me sumía en una angustia inexplicable. Tenía una casa grande, un vehículo, trabajaba y estudiaba. Mark me llevaba a pasear por las montañas y a veces nos reuníamos con sus amigos. Sin embargo, pasaba de estar tranquilo a enfurecerse, rompiendo cosas cerca de mí, como si dijera: "La próxima eres tú".

Luego, se disculpaba y lloraba, diciendo que tenía mucha rabia en el corazón por el abuso que había presenciado en su hogar. Con el tiempo, las cosas empeoraron. Los insultos, descalificaciones y humillaciones se volvieron más frecuentes. Mark utilizaba incluso las situaciones más mínimas para controlarme. Una vez llegué tarde del trabajo por culpa del tráfico y, en mi desesperación por no recibir otra humillación, decidí tomar un atajo que me llevó a ir en dirección contraria por una carretera. Le doy gracias a Dios por el conductor del camión que tocó la bocina repetidamente, lo que me hizo darme cuenta del error y me permitió corregir el rumbo. La humillación que recibí esa vez fue tan fuerte, que al intentar escapar, terminé al borde de una zanja. Al llegar a casa, Mark me gritó y me dijo que todo lo hacía mal. Me sentí asustada y profundamente perdida.

Pensé que tener un bebé podría calmarlo, así que decidí quedar embarazada, y por un tiempo, pareció que funcionó. Pero al quinto mes, mi embarazo se volvió aún más difícil cuando Mark exigió intimidad a pesar de que yo estaba agotada, lo que provocó una complicación que puso en riesgo a nuestro bebé.

Tuvo que llevarme al hospital, donde el médico recetó medicamentos para evitar las contracciones y reposo absoluto durante el resto del embarazo. Todos los días pasaba de la cama al sofá a ver televisión, y él me preparaba el desayuno, a veces nutritivo, a veces no tanto, dependiendo de su buen o mal humor. Luego se iba a trabajar, dejándome allí hasta que volvía después de las seis de la tarde y me daba alguna cena que traía, ya que no sabía cocinar, o abría una lata o comida precocinada del congelador.

Llamé a una compañera de la escuela donde trabajaba como asistente bilingue, quien me trajo sopa al mediodía que conseguía en la iglesia a la que pertenecía. Estaba muy angustiada y un día le conté a mi madre, una gran cantante reconocida en varios países, quien decidió viajar desde Chile a California, dejando compromisos importantes, para cuidarme. Realmente no quería causarle problemas a mi mamá, pero soy hija única y no tuve más opción que dejarla venir. Fue un gran alivio tener a mi madre conmigo, así me sentía menos miserable. Intenté cambiar mi estado de ánimo pensando en mi bebé, disfrutando de la presencia de mi madre y nuestras agradables charlas, escuchando música hermosa y leyendo historias y libros interesantes, pero aun así, cuando Mark estaba presente, todo se hacía muy difícil, ya que no solo me hacía sentir mal a mí, sino también a mi madre. Ella rápidamente entendió mi desesperada situación.

Se sentía atada de manos porque pensaba que no debía involucrarse y que era yo quien tenía que tomar la determinación de salir de ahí. No quería influir en mi decisión. Sabía que tenía que decidir por mí misma abandonar el infierno en el que vivía, y que ella solo percibía en la superficie.

Un día, Mark estaba resfriado, por lo que estaba más impaciente de lo habitual. Mi madre colocó algo fuera de lugar en la cocina, lo cual provocó su furia, y de una patada rompió la puerta de uno de los gabinetes, gritando descontroladamente, como tantas otras veces, mientras recitaba su famoso rosario de groserías. Mi madre quedó atónita, sin saber qué hacer. Ser testigo de ese episodio confirmó sus sospechas. Estaba muy angustiada y preocupada.

Permanecí en reposo hasta el octavo mes de embarazo. Una mañana de marzo, rompí fuente, lo que no me dejó otra opción más que dar a luz a mi bebé. Mi amiga, la misma que me traía sopa de la iglesia, fue a recogerme para llevarme al hospital, y mi madre me acompañó. La espera fue eterna. En cuanto pudo, Mark llegó. Estaba muy impaciente mientras pasaban las horas y el parto no se producía. Pude ver en su rostro esa expresión que siempre tenía cuando estaba a punto de explotar, junto con su habitual rechinar de dientes.

Mi madre me calmó y me acompañó, al igual que el personal del hospital.

Una vez que mi hermosa princesa Victoria estuvo en casa, todo pareció mejorar por un tiempo. Mark estaba más dulce y tranquilo, lo que me dio esperanzas de que las cosas podían cambiar. Esto solo duró unos meses. Cuando mi madre se preparaba para regresar a Chile, noté su preocupación. Me aseguró que siempre estaría allí para apoyarme y que me cuidara mucho. Se fue con el corazón roto. Más tarde supe que mis amigas le habían dicho que no me dejara con ese monstruo, pero ella no pudo hacer mucho cuando yo no visualizaba mi situación real ni me atrevía a hacer algo al respecto. Me quedé sola, esperando que Mark cambiara. Tal vez ahora sí iba a estar bien, y seríamos felices como familia.

Cuando comencé a trabajar nuevamente, la presión por cumplir con las expectativas de Mark se volvió aún más difícil.

Cuando Victoria tenía cuatro meses, comenzó a ir a una guardería durante el día. Me costó mucho separarme de mi bebé, pero tanto Mark como el sistema en Estados Unidos, donde todos deben trabajar, me lo exigían. Afortuna-damente, la dueña de la guardería era una guía y amiga mía, a quien conocía por haber trabajado juntas como asistentes de enfer-mería. Ahora ella cuidaba de varios niños, principalmente de su familia y de mi hija. Ella y su esposo son los padrinos de Victoria.

Después del trabajo, no podía tardar ni cinco minutos, porque Mark se enojaba y estallaba en ira.

Después del bautizo de Victoria, tuvimos una cena para celebrarlo con sus padrinos, familia y amigos. Yo estaba sentada en la mesa y alguien pidió mi presencia. Cuando me levanté, derramé accidentalmente mi copa de vino, lo que volvió a enfurecer a Mark, esta vez delante de todos, dejándome muy avergonzada y humillada. Gritaba que yo era inútil y torpe. Continuó vociferando y usando groserías. Los asistentes se disculparon y se marcharon, no sin antes decirme más de una vez que llamara a la policía. Al parecer, Mark escuchó esto y comenzó a calmarse, disculpándose con algunos invitados que luego decidieron quedarse a cenar con nosotros. Creo que se quedaron solo para que yo no me quedara sola con él y la situación no escalara a más. Otra vez, él arruinó todo.

Muchas veces me encontraba sentada en un rincón, llorando y sintiéndome como la criatura más pequeña del universo, preguntándome qué estaba haciendo mal y si todo esto era mi culpa. La confusión era abrumadora. Su estado de ánimo era impredecible. Las mismas cosas que a veces lo hacían reír, en otras ocasiones lo enfurecían. Tenía que tener mucho cuidado de no hacer nada que lo molestara. Su actitud fluctuaba de un momento a otro. No sabía qué pensar ni qué hacer.

Un evento particularmente angustiante ocurrió cuando Mark se enfureció por un accidente menor con nuestro auto, lo que llevó a la intervención de la policía. Mi jefe y compañeros notaron la situación, pero por miedo, no pude denunciarlo.

En medio de todo este desastre, encontré un ángel llamado Sra. T. Éramos muy cercanas en el trabajo. Le agradezco cada día de mi vida. Ella salvó mi existencia y todavía es mi gran amiga. La Sra. T era mi jefa directa en el área bilingüe del Distrito Escolar de Livermore, California. Decidió ayudarme cuando se dio cuenta de mi terrible situación.

Muchas veces le decía a Mark que yo tenía que asistir a reuniones de trabajo, cuando en realidad me llevaba al centro comercial o a otro lugar agradable para tomar café y sacarme por un rato de mi infierno. A veces, otras colegas nos acompañaban. Esos momentos fueron maravillosos. Me sentía libre y valorada por mis amigas; olvidaba mi dolor por un par de horas. Sin embargo, tenía que regresar a mi realidad a la hora acordada, de lo contrario, me metería en problemas.

En una ocasión, la Sra. T, mi ángel guardián en California, llevó a todo el grupo de maestras a una reunión y seminario de fin de semana, fuera de Livermore, a una ciudad del norte de California. Me sentí muy identificada con muchas de las cosas que se compartieron en el seminario. Incluso hablé con el psicólogo que dio la presentación, pensando que podría aconsejarme sobre cómo mejorar las cosas en mi matrimonio. Pero lo único que me dijo fue: "¿Y? Esto continuará hasta que decidas dejar de aguantarlo". Me sorprendí mucho y comencé a darme cuenta de la urgencia de mi situación. Tenía que salir de esa relación dañina, pero ¿cómo?

Me parecía casi imposible. Era extranjera, casada con un estadounidense, con una hija, prácticamente sola, y me sentía totalmente atada de pies y manos.

Pasó más tiempo. En ese punto, ya llevaba seis años de relación con Mark. Soporté mucho abuso psicológico y verbal. La única razón por la que no hubo abuso físico fue porque Mark respetaba (temía) a la autoridad y sabía que podía ir fácilmente a la cárcel si me golpeaba. Las heridas y los moretones son pruebas físicas. El abuso verbal y psicológico, en ese entonces, no tenía validez legal, por lo que era imposible probar que realmente me maltrataba.

Estaba al borde del colapso, pero seguía esperando que algo mágico ocurriera. En el sexto año, algo sucedió que finalmente me hizo decidir buscar la forma de salir de allí y regresar a Chile con mi madre y mi familia paterna. Aproveché una oportunidad para unirme a una prestigiosa línea de productos de belleza y comencé un pequeño negocio vendiendo cremas y maquillaje. Una tarde estaba acomodando unas cajas llenas de productos y haciendo cuentas en la habitación de huéspedes, donde tenía un pequeño escritorio y guardaba todo lo relacionado con el negocio. Mientras Mark estaba acostado en la cama esperando a que terminara, Victoria empezó a saltar sobre ella y, de pronto, golpeó accidentalmente la nariz de Mark con fuerza. Él se levantó indignado, gritó furioso y comenzó a lanzar improperios. Levantó la silla del escritorio y la rompió golpeándola muy cerca de donde estaban mis cajas. Me aterrorizó, y Victoria lo notó de inmediato y se asustó. Yo dije en voz baja: "¡Uy, va a romper mis cremas!" Mi hija me oyó y le gritó a su padre que dejara en paz a su mamá. La abracé inmediatamente y, por un momento, esperé lo peor para las dos, pero por algún milagro de Dios, Mark salió de la habitación, donde nos quedamos temblando, especialmente yo. Fue en ese momento cuando me dije: "¡Basta! ¡Basta de todo esto!" Podía soportar muchas cosas, pero no era justo que mi hija tuviera que defenderme, y menos a una edad tan temprana. Me pregunté: "Ahora tiene tres años, ¿qué pasará cuando tenga siete o catorce?" Cada opción que se me ocurría era aterradora. Violencia, muerte, cárcel, o terminar como la madre de Mark, quitándome la vida. Fue en ese momento que reuní el valor para decir: "¡Tengo que irme ya!"

Mi objetivo era investigar, pensar y analizar cómo podría salir sin que nos costara la vida a mi hija y a mí. Hablé con la Sra. T. Ella inmediatamente me dio todo su apoyo. Nos reunimos en su casa con otra colega y llamamos a una abogada, ya que la primera consulta era gratuita. Le presentamos mi caso y me orientó sobre las posibilidades que tenía. Afortunadamente, el año anterior habíamos hecho planes como familia para salir del país, por lo que conseguimos un pasaporte para mi hija. Ese viaje no se realizó, pero ahora el pasaporte me permitiría viajar con Victoria.

Con la ayuda de la Sra. T y otras amigas, comencé a preparar nuestra salida. La Sra. T planeó que fuéramos a San Francisco, California, para inscribir a Victoria en el Consulado de Chile, lo cual fue fantástico ya que facilitó su estadía legal en Chile. Sentí que todo se estaba alineando y fluyendo. Teníamos una verdadera oportunidad de escapar.

La abogada me aconsejó dejarle una carta a Mark, diciéndole que iba a ver a mi madre y a descansar, que me sentía muy nostálgica y cansada, y que estaría fuera por un tiempo. Le dije que no se lo había contado antes porque sabía que no me dejaría ir. Incluí una dirección y un número de teléfono, como dijo la abogada, en caso de que quisiera localizarme.

Con esas piezas en su lugar, comencé a llamar a agencias de viaje en mis ratos libres en el trabajo para conseguir boletos. Finalmente, encontré un vuelo dentro de un plazo razonable para poder organizar todo sin que él lo supiera. Fue emocionante y, al mismo tiempo, aterrador. Informé a la Sra. T y ella compró los boletos para mí, pero no sin antes asegurarse de que era lo que realmente quería hacer. Me dijo que esperara para devolverle el dinero de los boletos hasta mi último día aquí, para que Mark no notara la transacción bancaria. ¡Fue una gran idea y se lo agradecí mucho! Mi siguiente dilema era cómo sacar nuestras cosas de la casa sin despertar las sospechas de Mark.

Hablé con una estudiante a la que le enseñaba español y con quien me había hecho amiga, sobre mi situación. Quiso ayudarme y me dijo que podía llevar mis maletas a su casa para empacar las pertenencias de Victoria y mías, así que compré un par y algo de ropa para ambas en una tienda conocida. Ella trabajaba desde casa en su computadora, así que estaba disponible en cualquier momento para llevarnos al aeropuerto. Estaba inmensamente agradecida porque el aeropuerto estaba a una hora de distancia de Livermore a San Francisco y ninguna de mis amigas o colegas estaba disponible. Me sentí aliviada de no tener que usar varios medios de transporte público cargando maletas con mi hija.

Los días previos al viaje parecían eternos. Mis nervios estaban destrozados, no tenía mucho apetito y me costaba dormir, imaginando que Mark podría descubrir mis intenciones y las terribles consecuencias si se enteraba.

Tal vez te preguntes: ¿Por qué escapar? Creo que fue la única solución posible para mí y para mi hija, ya que le tenía pánico a Mark. Sentía que mis únicas opciones eran escapar o sufrir consecuencias impensables y aterradoras.

Soporté innumerables explosiones de ira, pero cuando comenzaron a involucrar con mayor frecuencia a Victoria, supe que tenía que actuar. En una ocasión en que yo no estaba, pero mi madre sí, Mark le pegó a Victoria en sus pequeñas nalgas y le dejó la zona roja. Tuve miedo de denunciarlo y recé al cielo para que no volviera a suceder. Mark justificó su acción recordándome que yo debía haber llegado más temprano de una reunión de trabajo.

Finalmente, llegó el tan esperado día, y llevé a Victoria al kínder más temprano de lo habitual. Al regresar, Mark aún estaba en casa y sin muchas ganas de ir a trabajar. Me quedé en shock. Traté de persuadirlo para que se fuera y comencé a hacer cosas en la casa como si fuera un día normal. Incluso me preparé para ir a trabajar, aunque la Sra. T sabía que ya había renunciado formalmente. Fue extraño. Parecía que él intuía que algo iba a suceder.

Finalmente, se fue a trabajar. Tuve que sacar un par de maletas del garaje para guardar las últimas cosas más queridas de Victoria, como juguetes, películas y libros. Empecé a empacar a toda velocidad. Llamé a mi amiga para que me llevara al banco, para devolverle el dinero a la Sra. T. Luego regresé al kínder de Victoria y les dije que había un problema familiar urgente. Teníamos que salir de la ciudad de forma inesperada y nuestro vuelo salía a la una de la tarde.

El día anterior, cuando estuve con la Sra. T en el trabajo, nos despedimos y prometimos vernos algún día en mejores circunstancias. Nos dimos un abrazo eterno, lleno de ternura y, de mi parte, de gratitud. Me regaló dos libros que han sido una luz en mi camino. Uno de ellos es de la Dra. Susan Forward y me ayudó a descubrir la realidad de mi situación. También me inspiró y guió para contar mi historia y escribir este libro, con el fin de poder ayudar a muchas otras mujeres que están pasando por lo mismo o por situaciones similares a la que yo viví.

El día en que finalmente me fui, sentí una mezcla de terror y alivio. Al alejarme de la casa que había compartido con Mark, no pude evitar llorar. Aunque tenía miedo, también sentía una libertad que no experimentaba desde hacía mucho tiempo.

Llegamos al aeropuerto justo a tiempo para tomar nuestro vuelo. Le agradecí a mi amiga desde lo más profundo de mi corazón. Victoria y yo subimos al avión expectantes y muy nerviosas, hasta que finalmente despegó. Sentí un alivio que no puedo describir, fue como si me quitaran un gran peso de encima. Me sentí libre y llena de mucha esperanza de que todo iba a mejorar.

Debo destacar que mi hija, que ya se comunicaba bien y sabía quién era su padre, en ningún momento preguntó por qué nos íbamos. Nunca dijo: "¿Dónde está mi papá?" ni "Quiero volver a casa." Eso me reveló que Victoria tenía un nivel de comprensión y empatía mayor al de sus tres años y medio. Era como si ella percibiera lo mal que su madre se sentía con ese hombre.

Tardé unos diez años en recuperarme de todo lo que pasó. El abuso psicológico y verbal es tan cruel y muy difícil de superar, aunque ahora los misóginos son un tema más conocido que en aquel entonces, durante los años noventa.

Misógino: (sust.) Persona que odia o discrimina a las mujeres; una persona misógina.[1]

Cuando llegué a Chile, a los treinta años y abatida, no había muchos psicólogos que pudieran ayudarme. Cuando fui a consultar con uno, me felicitó por mi valentía al escapar y pensó que no necesitaba más ayuda. No consideró ni por un momento las secuelas persistentes del abuso. Luego fui a hablar con un sacerdote, como me aconsejó mi madre, y me dijo que tal vez había sido yo quien causó la situación, lo que me dejó aún peor, sintiéndome muy culpable por, según él, haber destruido una familia.

Mientras tanto, Mark continuaba llamándome, a veces furioso y otras veces amoroso, suplicándome e incluso llorando. Esto me hacía sentir aún más culpable, hasta que me di cuenta de que era parte de su manipulación psicológica, así que le dije que aún no quería regresar. La verdad es que no planeaba volver nunca, pero si lograba que él creyera que eventualmente volvería, pensé que no intentaría forzarme ni quitarme a mi hija, que era lo que más me preocupaba.

Por las noches, mientras mi hija dormía, me dedicaba a leer el libro de la Dra. Susan Forward. No podía entender cómo algunas de las personas que ella mencionaba soportaron abuso durante hasta treinta años. Lloré desconsoladamente por mí y por todas esas mujeres que no lograron salir y vivieron una vida de infierno, así que juré escribir este libro para ayudar a quienes están viviendo lo mismo ahora y prevenir que otros lo vivan.

Una vez en Chile, comencé a reconstruir mi vida. Al principio, todo parecía abrumador. Estaba sola en un país donde en ese tiempo una madre soltera no era bien vista. Sin embargo, con el tiempo, fui encontrando mi camino. Recibí ayuda de organizaciones locales que apoyan a mujeres en situaciones de abuso. Asistí a terapias alternativas y empecé a hablar abiertamente sobre lo que había vivido. Este proceso fue doloroso, pero también profundamente liberador. A través de la terapia, entendí que lo que me había pasado no era mi culpa. El abuso no fue consecuencia de mis acciones, sino de las inseguridades y necesidad de control de Mark. Esto me permitió empezar a sanar y recuperar mi autoestima.

Mi fe también jugó un papel fundamental en mi recuperación. Me aferré a la idea de que Dios tenía un propósito para mí y que mi experiencia podría usarse para ayudar a otras mujeres. Poco a poco, empecé a ver mi vida con una nueva perspectiva. Lo que había vivido no me definía. Al final, lo que importaba era cómo decidía avanzar.

Pasé muchos años con miedo de que Mark secuestrara a mi hija o tomara acciones legales para quitármela. Tomé todas las precauciones necesarias, incluso en la escuela y en todos los lugares donde pasábamos tiempo. Hice todo lo posible para proteger a Victoria. Les aseguro que no fue un estilo de vida agradable, pero fue parte del precio que pagué por escapar como lo hice. Los amigos de mi madre me ayudaron a asegurar a nivel nacional que Victoria no pudiera salir del país (Arraigo Nacional), lo que también me impidió salir por un tiempo, pero no me importó.

Con el tiempo, pude regresar a USA y vivir en Miami, renovar mi residencia y regresar a Chile sin problemas. Como todo proceso, tomó tiempo, pero todo se logró con paciencia y perseverancia.

Al recuperar mi vida, también volví a conectar con mi familia y amigos. Su apoyo incondicional fue vital para mi sanación. Me di cuenta de que, aunque había estado aislada tanto tiempo, nunca estuve realmente sola. Siempre hubo personas dispuestas a ayudarme, pero tuve que dar el primer paso y pedir ayuda.

Uno de los momentos más difíciles fue enfrentar las secuelas emocionales del abuso. A menudo, me sentía invadida por recuerdos dolorosos y la sensación de que nunca sería suficiente. Sin embargo, aprendí a reconocer estos pensamientos como parte del proceso de sanación. Acepté que tenía derecho a sentir tristeza, enojo y frustración, pero también a ser feliz y construir una vida llena de amor y respeto.

Reconstruí mi vida el año después de regresar a Chile con un exnovio de la universidad que me apoyó, cuidó y ayudó durante años, y con quien tuve una hermosa niña, mi segunda princesa, que ahora es una joven mujer. Esta relación duró 16 años. Me di cuenta de que no había tenido la oportunidad de desarrollarme como persona antes de entrar en esta nueva relación, después de mi experiencia con Mark. No estaba sana y no me había recuperado como persona. Lo que hice fue ponerme en piloto automático y fingir tener una vida feliz. Esto no fue justo para nuestra familia y maltrato nuestra relación. Le di a mi nueva pareja toda mi voluntad y capacidad de decisión. Por mucho tiempo ignoré mi crecimiento espiritual y emocional. Me quedé en esa relación para darle un hogar a mis hijas, pero nos hizo daño y todavía estamos en proceso de recuperación.

Mi gran consejo al empezar una nueva relación, después de lograr salir de las garras de un misógino, es sanar completamente en todos los aspectos y dejar pasar un tiempo considerable. Muchas veces, uno o dos años no son suficientes para deshacer todo el trauma y sanar, especialmente si la persona no recibe atención de un psicólogo o terapeuta. Más adelante, en este libro, doy claves para identificar este tipo de relaciones y ofrezco orientación para terminar la relación o establecer límites para repararla, si la persona no quiere irse.

A pesar de todo lo que compartí en mi historia y las experiencias que viví, mis dos hijas son lo mejor de mi vida, junto con mi madre y mis nietos. Son mis pilares y mis grandes amores. Estoy muy orgullosa de ellas. Las quiero con todo mi corazón y nunca me arrepentiré de haberlas concebido. Creo que son un regalo divino.

Ahora, después de años de mi separación, he aprendido a ser feliz sola. He recuperado mi independencia, tomo mis propias decisiones y me dedico a mi familia, a mis terapias alternativas y a la escritura.

Mi mayor deseo, con todo mi corazón, es que mi testimonio y el de otras mujeres que comparto en este libro, además de la investigación que he incluido para ofrecer comprensión, estrategias y recursos, den a las lectoras la luz y el valor necesarios para salir de las tormentas de la vida e incluso de relaciones violentas. Ofrezco sinceramente una guía y apoyo esenciales para ayudar a liberar a las víctimas y a sus hijos del yugo de quienes sufren de misoginia.

Mi testimonio es la prueba de que el coraje necesario para salir de una relación abusiva está dentro de nosotras y de la importancia de buscar ayuda y apoyo.

Hoy, miro hacia atrás y veo lo lejos que he llegado. Lo que una vez fue un período oscuro y doloroso en mi vida es ahora una fuente de fortaleza y sabiduría. Mi experiencia me ha enseñado a valorarme y a nunca aceptar menos de lo que merezco. Sé que mi historia puede ayudar a otras mujeres a ver que hay una salida, que no están solas y que tienen la fuerza para liberarse.

Parte II: Comprendiendo la Raíz del Abuso

*Las organizaciones mencionadas en esta sección para respaldar las afirmaciones se encuentran identificadas en la sección de Libros y Sitios Web Recomendados para Apoyo Adicional, que comienza en la página 133.

A continuación, expongo lo que he aprendido y cómo he aclarado mi comprensión de los casos de abuso que he experimentado y observado en muchas mujeres que no han tenido la fortuna de reconocer y escapar a tiempo de una vida de sufrimiento y dolor.

Como mencioné antes, me basé en un libro de la Dra. Susan Forward titulado Hombres que odian a las mujeres y las mujeres que los aman: Cuando amar duele y no sabes por qué.[1] Explica que un abusador suele provenir de un pasado donde ha sido repetidamente abusado por sus padres o cuidadores. Este pasado de abuso contribuye a una autoestima muy baja, dejándolos con un dolor interno profundo que les causa tormento constante. Para aliviar este dolor, el abusador busca una víctima sobre quien proyectar su propio sufrimiento, con el fin de hacer que la víctima se sienta peor que él mismo para así experimentar un breve alivio paliativo, parecido a una droga.

La raíz de la baja autoestima en los abusadores

La verdadera raíz de la baja autoestima en los abusadores se puede rastrear en las experiencias vividas con sus madres. Se identifican cuatro tipos de madres que pueden contribuir al desarrollo de un abusador:

- **La madre abusada:** Esta madre ha sido víctima de diversos tipos de abuso — verbal, psicológico, físico, sexual y/o económico. Su incapacidad o falta de voluntad para defenderse o cambiar la situación abusiva, debido al miedo o la intimidación, hace que su(s) hijo(s) interioricen una misoginia severa y cruel. Este tipo de madre perpetúa un ciclo de abuso y sumisión que afecta profundamente la psicología de su(s) hijo(s).

- **La madre indiferente o ausente:** Aunque esta madre esté físicamente presente, su falta de involucramiento emocional o psicológico puede ser dañina. Su desinterés por los conflictos y problemas de su(s) hijo(s), o su inmersión en su propio dolor, contribuye a la formación de una actitud misógina en su(s) hijo(s), quienes pueden sentir que sus necesidades emocionales no son importantes.

- **La madre sobreprotectora:** Este tipo de madre impide el desarrollo de la independencia asfixiando a su(s) hijo(s) con una protección excesiva. Esta falta de autonomía puede llevar al niño a sentirse incapaz e inútil, cultivando frustración y resentimiento que pueden manifestarse en comportamientos abusivos hacia otros.

- **La madre autoritaria y abusiva:** Esta madre ejerce control de manera autoritaria y abusiva, usando con frecuencia el abuso verbal y psicológico. La disciplina dura y el trato despreciativo pueden resultar en una visión distorsionada de las relaciones y del respeto hacia los demás, fomentando actitudes misóginas y abusivas en su(s) hijo(s).

Implicaciones del pasado en el comportamiento del abusador

Estos diferentes tipos de crianza contribuyen a la formación de un individuo que, sintiéndose pequeño y herido, busca exteriorizar su dolor.

Los abusadores, por lo tanto, suelen provenir de contextos de abuso personal y buscan en sus relaciones una manera de replicar y proyectar su propio sufrimiento. Esto resulta en un ciclo de abuso donde la víctima se convierte en el receptáculo del malestar no resuelto del abusador.

Comprender estos mecanismos es crucial para abordar el problema del abuso desde una perspectiva más profunda y efectiva. Reconocer la influencia del ambiente familiar y los patrones de crianza puede proveer una base para estrategias de intervención y prevención que atiendan tanto las secuelas del abuso como sus raíces.

Definición de misógino

El término "misógino" se refiere a una persona, usualmente un hombre (aunque también puede aplicarse a mujeres, siendo esto menos común), que desarrolla una profunda dualidad en su relación con el sexo femenino. Esta dualidad se manifiesta como una relación de "amor-odio" hacia la figura materna que lo dio a luz.

Según la Dra. Susan Forward, la definición más precisa de misógino es "odio hacia las mujeres." La palabra griega para "odiador de mujeres": misógino, proviene de miso, que significa "odiar," y gyne, que significa "mujer."[2]

A menudo, el término se malinterpreta como una simple característica de un mentiroso o manipulador, pero en realidad es algo mucho más profundo y destructivo. La Dra. Forward, en su investigación, encontró que los misóginos entran en una categoría similar a la de los asesinos seriales y psicópatas, dada la intensidad y crueldad de su comportamiento.

Este comportamiento se vuelve aún más dramático cuando un hombre misógino mantiene una relación estable. En este contexto, las mujeres pueden sufrir una transformación radical debido al abuso. Una mujer que antes era exitosa, activa y segura de sí misma puede convertirse en alguien sin voluntad, incapaz de tomar decisiones, e incluso puede sufrir cambios físicos como aumento de peso y descuido personal, todo por temor a una reacción violenta de su pareja.

La violencia puede ser física, o manifestarse a través de daños materiales, amenazas psicológicas o verbales, variando según el contexto social y económico.

A menudo, la mujer en esta situación no se da cuenta de su condición hasta que llega a un punto crítico de desesperación y depresión, sintiéndose atrapada sin salida.

La realidad del abuso psicológico y verbal

El abuso psicológico y verbal son formas insidiosas de violencia que a menudo pasan desapercibidas. A diferencia del abuso físico, que deja marcas visibles, el abuso psicológico erosiona lentamente la autoestima y el bienestar de la víctima. Es una forma de control que se ejerce a través de palabras hirientes, manipulaciones emocionales y conductas coercitivas.[3]

Las mujeres que sufren este tipo de abuso suelen sentirse atrapadas, como si no hubiera escapatoria. El abusador frecuentemente usa tácticas como el gaslighting (hacer que la víctima dude de su propia percepción de la realidad), el aislamiento social (alejándola de amigos y familiares) y la degradación constante (hacerla sentir inútil sin él). Estos patrones de comportamiento están diseñados para destruir la autonomía de la víctima, dejándola dependiente y sin la confianza necesaria para buscar ayuda.

El impacto del abuso psicológico y verbal es profundo. Las víctimas pueden experimentar depresión, ansiedad, trastornos del sueño y una pérdida general de la capacidad de disfrutar la vida. El miedo constante y la sensación de que todo lo que hacen está mal pueden paralizarlas, impidiéndoles tomar las decisiones necesarias para cambiar su situación.

Es crucial entender que el abuso psicológico y verbal no es menos serio que el abuso físico. Aunque no deja cicatrices visibles, sus efectos son duraderos y pueden ser devastadores. Las víctimas necesitan apoyo, comprensión y, a menudo, ayuda profesional para romper el ciclo de abuso y reconstruir sus vidas.[4]

Cómo identificar el abuso psicológico y verbal

El primer paso para liberarse del abuso es reconocerlo. Sin embargo, debido a la naturaleza insidiosa del abuso psicológico y verbal, muchas mujeres no se dan cuenta de que están siendo maltratadas hasta que el daño ya está hecho. Aquí algunos signos de que podrías estar en una relación abusiva:

- **Críticas constantes:** Tu pareja te critica por todo, desde cómo te vistes hasta cómo hablas. Nada de lo que haces parece ser suficiente para él.
- **Manipulación emocional:** Tu pareja usa tus emociones en tu contra. Te hace sentir culpable por cosas que no son tu culpa o te castiga emocionalmente cuando no haces lo que él quiere.
- **Aislamiento:** Tu pareja te aleja de tus amigos y familiares, haciéndote depender solo de él para apoyo emocional.
- **Gaslighting:** Tu pareja distorsiona la realidad para hacerte dudar de tus propias percepciones y juicios. Te hace creer que estás loca o que eres irracional.
- **Control excesivo:** Tu pareja controla todos los aspectos de tu vida, desde tus finanzas hasta con quién puedes hablar. Sientes que no puedes tomar decisiones por ti misma.

Si reconoces alguno de estos comportamientos en tu relación, es importante buscar ayuda. No estás sola y existen recursos disponibles para ayudarte a salir de una relación abusiva.

El ciclo del abuso

El ciclo del abuso es una dinámica que se repite en las relaciones y es un proceso difícil de romper debido a su naturaleza cíclica y engañosa. Este ciclo ha sido ampliamente documentado en la literatura psicológica y generalmente consta de tres fases principales:

- **Tensión y desacuerdo:** Durante esta fase, se acumulan tensiones en la relación. Los conflictos pueden empezar como desacuerdos menores, pero el abusador usa tácticas de manipulación emocional y críticas constantes para aumentar la tensión. Estudios sobre violencia domestica han identificado que la víctima en esta etapa suele experimentar gran ansiedad y miedo, buscando evitar cualquier conducta que pueda desencadenar una reacción violenta del abusador. Este miedo constante contribuye a la creación de un ambiente psicológico tóxico.

- **Incidente de abuso:** Esta fase es el clímax del ciclo, donde ocurre el abuso. Puede manifestarse de diversas formas, incluyendo abuso físico, verbal, emocional o psicológico. Según estadísticas de la National Coalition Against Domestic Violence (NCADV) en Estados Unidos, el 85% de los casos reportados de violencia doméstica incluyen un componente significativo de abuso psicológico. Durante este incidente, el abusador ejerce su control a través del abuso, dejando a la víctima en un estado de desesperación y vulnerabilidad extrema.

- **Reconciliación y luna de miel:** Después del incidente, el abusador usualmente intenta reparar la relación mediante una fase de reconciliación, mostrando arrepentimiento y prometiendo cambiar. Esta fase es altamente engañosa, ya que el abusador puede comportarse de manera cariñosa y atenta, llevando a la víctima a creer que el comportamiento abusivo no ocurrirá de nuevo. Sin embargo, esta fase es solo un componente temporal del ciclo de abuso y la relación pronto regresa a la fase de tensión, reiniciando el ciclo.

Impacto psicológico en la víctima

El abuso psicológico se define como un patrón de conducta que busca controlar, manipular y dominar a una persona explotando sus emociones y miedos. A diferencia del abuso físico, que se manifiesta a través de lesiones visibles, el abuso psicológico se manifiesta mediante tácticas de menosprecio, humillación y aislamiento.

Por otro lado, el abuso verbal implica el uso de palabras y expresiones para degradar y denigrar a la víctima. Puede incluir insultos, amenazas y comentarios despectivos que minan la autoestima y la confianza de la persona.

Impactos psicológicos y emocionales del abuso

El abuso psicológico y verbal puede tener efectos profundos y duraderos en la salud mental de las víctimas. Estudios han demostrado que las víctimas de abuso psicológico experimentan un aumento en la prevalencia de trastornos como ansiedad, depresión y trastorno de estrés postraumático (TEPT).

Un estudio realizado por el Instituto Nacional de Salud Mental en 2019 mostró que las mujeres que habían sufrido abuso psicológico tenían casi el doble de probabilidades de experimentar depresión severa en comparación con aquellas que no lo habían sufrido. Además, el abuso psicológico está asociado con un mayor riesgo de intentos de suicidio, problemas de adicción y trastornos alimenticios.

El impacto psicológico del abuso puede ser devastador y de amplio alcance. Las víctimas pueden experimentar una serie de efectos emocionales y psicológicos, incluyendo:

- **Baja autoestima:** El abuso constante socava la autoestima de la víctima, haciéndola sentir menospreciada e incapaz. La víctima puede empezar a dudar de su propio valor y habilidades.

- **Ansiedad y depresión:** La tensión y el abuso constantes pueden llevar a la víctima a desarrollar ansiedad y depresión severas. Los sentimientos de desesperanza y la incapacidad para escapar de la situación pueden intensificar estos síntomas.

- **Desconfianza y aislamiento:** Las víctimas de abuso pueden desarrollar una profunda desconfianza hacia los demás y aislarse de amigos y familiares. El aislemiento social es una táctica que el abusador utiliza para mantener el control y dificultar que la víctima reciba apoyo, incluso de personas que antes eran cercanas.

- **Problemas de salud física:** El estrés prolongado del abuso puede tener consecuencias físicas, como trastornos del sueño, problemas gastrointestinales y dolor crónico. La salud física de la víctima puede deteriorarse debido al estrés emocional constante y al abuso.

Rompiendo el ciclo

Romper el ciclo del abuso es un proceso desafiante pero esencial para la recuperación y el bienestar. Aquí algunos consejos:

- **Reconocer el abuso:** El primer paso es reconocer que estás en una relación abusiva. Aceptar la realidad del abuso es crucial para comenzar a buscar ayuda y apoyo. Los estudios muestran que la conciencia del abuso es el primer paso crítico para romper el ciclo. Según la Asociación Americana de Psicología, el 70% de las víctimas que reconocen el abuso buscan ayuda.

- **Buscar apoyo profesional:** Es esencial buscar la ayuda de profesionales capacitados, como psicólogos, terapeutas y consejeros especializados en abuso. Ellos pueden proporcionar estrategias de afrontamiento, apoyo emocional y ayuda en el proceso de recuperación. La Terapia Cognitivo-Conductual (TCC) ha demostrado ser efectiva para ayudar a las víctimas a recuperar su autoestima y romper el ciclo de abuso.[5]

- **Establecer límites:** Es importante establecer límites claros con el abusador y comunicar firmemente lo que no se tolerará. La autoafirmación y el establecimiento de límites claros pueden ayudar a la víctima a recuperar el control de su vida.

- **Buscar una red de apoyo:** Contar con el apoyo de amigos, familiares y grupos especializados puede brindar asistencia crucial durante el proceso de dejar una relación abusiva. Una red de apoyo puede ofrecer seguridad emocional y práctica.

- **Planificar una salida segura:** En casos de abuso físico o grave, es esencial planificar una salida segura. Esto puede incluir preparar un plan de emergencia, encontrar un lugar seguro para quedarse y buscar asistencia legal si es necesario. La preparación, cuando sea posible, con el apoyo de profesionales y organizaciones especializadas, es esencial para las víctimas que se encuentran en situaciones de alto riesgo.

Estrategias de supervivencia y apoyo

Es fundamental que las víctimas de abuso psicológico y verbal busquen apoyo y utilicen estrategias efectivas para superar el trauma. Las intervenciones incluyen terapia sicológica, apoyo social y, en algunos casos, medidas legales para proteger a la víctima de futuros abusos.[6]

Características y comparación del abuso psicológico y verbal

El abuso psicológico se manifiesta a través de una variedad de tácticas que buscan controlar, manipular y degradar a la víctima:

- **Descalificación:** Minimización o ridiculezación de las opiniones y sentimientos de la víctima, haciéndola sentir inferior e insignificante.
- **Control:** El abusador utiliza tácticas coercitivas para controlar los pensamientos, comportamientos y decisiones de la víctima.

- **Aislamiento:** Limitar o cortar los lazos de la víctima con su red de apoyo, dejándola emocionalmente dependiente del abusador.
- **Gaslighting:** Manipulación psicológica que hace que la víctima dude de su propia percepción y juicio, minando la confianza en sí misma.

El **abuso verbal**, por otro lado, incluye el uso de lenguaje despectivo y ofensivo para degradar y humillar a la víctima. Este tipo de abuso puede incluir::

- **Insultos y amenazas:** Uso de palabras hirientes y amenazas para intimidar y controlar a la víctima.
- **Desprecio:** Comentarios despectivos diseñados para minar la autoestima de la víctima y hacerla sentir inútil.

Intervenciones y políticas públicas

Para abordar efectivamente el problema del abuso psicológico y verbal, las intervenciones deben implementarse a nivel individual, comunitario y gubernamental. Aquí algunas estrategias basadas en investigación y buenas prácticas:

- **Programas de prevención:** La prevención es clave para reducir la incidencia del abuso psicológico y verbal. Programas educativos en escuelas y comunidades que enseñan sobre relaciones saludables y el reconocimiento del abuso pueden ser efectivos en adolescentes, reduciendo significativamente las actitudes tolerantes hacia la violencia en las relaciones.

- **Capacitación de profesionales de la salud:** Los profesionales de la salud juegan un papel crucial en la identificación y apoyo a víctimas de abuso. Capacitar a médicos, enfermeras y terapeutas para detectar signos de abuso psicológico y verbal puede mejorar las tasas de intervención temprana y apoyo a las víctimas.

- **Políticas de protección y legislación:** Es esencial que las leyes y políticas públicas apoyen a las víctimas de abuso psicológico y verbal. Esto incluye implementar leyes que reconozcan el abuso psicológico como una forma de violencia doméstica y que provean protecciones adecuadas. En muchos países se están actualizando leyes para incluir el abuso psicológico y emocional en la definición legal de violencia doméstica. Un ejemplo es la legislación del Reino Unido, donde la Ley de Abuso Doméstico de 2021 incluye el "comportamiento coercitivo y controlador" como delito castigable.[7]

- **Servicios de apoyo a víctimas:** Proveer acceso a refugios seguros, líneas de ayuda y consejería especializada es esencial para ayudar a las víctimas a escapar de situaciones abusivas. Organizaciones como la Línea Nacional contra la Violencia Doméstica en EE. UU. ofrecen recursos y apoyo las 24 horas para personas que sufren abuso.

Contexto internacional

Para dar un contexto más global al problema del abuso psicológico y verbal, aquí algunas estadísticas internacionales:

- Según un estudio de la Organización Mundial de la Salud (OMS), el 48% de las mujeres que han sido abusadas físicamente también han sufrido abuso psicológico.
- Según las Naciones Unidas (ONU), el 23% de las mujeres en relaciones de pareja a nivel mundial han experimentado alguna forma de abuso psicológico o verbal.
- En América Latina, un informe de la Comisión Económica para América Latina y el Caribe (CEPAL) revela que entre el 40% y el 60% de las mujeres han sido víctimas de abuso psicológico en algún momento de sus vidas.
- En Europa, la Agencia de la Unión Europea para los Derechos Fundamentales estima que aproximadamente el

43% de las mujeres han experimentado alguna forma de abuso psicológico por parte de su pareja íntima.

Conclusión

El abuso psicológico y verbal es una forma insidiosa de violencia que causa daños profundos y duraderos en las víctimas. Es vital que la sociedad en su conjunto reconozca la gravedad de este tipo de abuso y que se tomen medidas efectivas para prevenirlo, identificarlo y tratarlo. Las víctimas necesitan no solo apoyo emocional y psicológico, sino también un sistema legal y social que las proteja y las ayude a reconstruir sus vidas.

Factores de riesgo y vulnerabilidad

Es importante entender que ciertos factores de riesgo pueden hacer que algunas personas sean más vulnerables al abuso psicológico y verbal. Estos factores no justifican el abuso, pero ayudan a comprender por qué algunas personas pueden ser más susceptibles a convertirse en víctimas o perpetradores de este tipo de violencia.

- **Historial de abuso:** Las personas que han sido víctimas de abuso en la infancia o que crecieron en un ambiente violento tienen un mayor riesgo de experimentar o perpetuar el abuso en sus relaciones adultas. Un estudio de la Asociación Americana de Psicología (APA) encontró que el 30% de los adultos que fueron abusados en la infancia repiten estos patrones en sus relaciones íntimas.

- **Dependencia económica:** Las víctimas que dependen económicamente de su abusador tienen más dificultad para salir de la relación. La dependencia económica puede hacer que una víctima tolere el abuso por miedo a no poder mantenerse, lo que perpetúa el ciclo de abuso.

- **Baja autoestima y autoeficacia:** La baja autoestima y la falta de confianza en la capacidad propia para hacer cambios pueden aumentar la vulnerabilidad al abuso. Las víctimas que sienten que no merecen un mejor trato o que no tienen la habilidad para salir de la relación abusiva tienen menos probabilidades de buscar ayuda.

- **Factores socioculturales:** En muchas culturas, las normas y expectativas de género pueden contribuir a la tolerancia del abuso. Las sociedades que promueven la sumisión femenina y la dominación masculina tienden a tener tasas más altas de abuso doméstico. Un informe de la Organización Mundial de la Salud (OMS) destaca que las actitudes que toleran la violencia de género están asociadas con niveles más altos de abuso psicológico y verbal.

- **Resistencia al cambio:** La presión para cumplir con los roles tradicionales familiares puede hacer que las mujeres sean reacias a desafiar el statu quo. Incluso cuando reconocen el abuso, pueden sentir que hacerlo viola sus responsabilidades como esposas y madres. Esta resistencia al cambio puede estar basada en el miedo a la desaprobación social, la pérdida de identidad y el temor a represalias por parte del abusador.

Intervenciones psicológicas y terapéuticas

Las intervenciones psicológicas son esenciales para la recuperación de las víctimas de abuso psicológico y verbal. Estas intervenciones deben adaptarse a las necesidades individuales de cada víctima e incluir diversas aproximaciones terapéuticas:

- **Terapia Cognitivo Conductual (TCC):** La TCC es una forma de terapia efectiva para tratar el trauma asociado al abuso. Ayuda a las víctimas a identificar y desafiar patrones de pensamiento negativos internalizados por el abuso, y ha demostrado ser muy efectiva para reducir síntomas de TEPT, ansiedad y depresión.

- **Terapia grupal:** Participar en grupos de apoyo con otras víctimas puede ser terapéutico y empoderador. Los grupos de apoyo proporcionan un espacio seguro donde las víctimas pueden compartir experiencias, recibir validación y aprender estrategias de afrontar la situación. Además, estos grupos reducen el aislamiento social, uno de los efectos más dañinos del abuso psicológico.

- **Terapia de Desensibilización y Reprocesamiento por Movimiento Ocular (EMDR):** El EMDR es una terapia basada en evidencia para tratar traumas. Es especialmente útil para víctimas que han desarrollado TEPT. Ayuda a procesar y desensibilizar memorias traumáticas, facilitando la recuperación.[8]

- **Intervenciones psicosociales:** Combinar apoyo psicológico con recursos sociales, como asistencia legal y acceso a servicios comunitarios, puede ser muy efectivo. Estas intervenciones integradas abordan no solo el trauma emocional sino también las barreras prácticas que impiden que las víctimas escapen del abuso.

Recursos legales y de protección

El acceso a recursos legales y medidas de protección es vital para las víctimas que buscan salir de una relación abusiva. Estos recursos pueden incluir:

- **Órdenes de protección:** Herramientas legales que pueden restringir al abusador acercarse a la víctima. Son esenciales para víctimas en peligro inmediato o que temen por su seguridad.

- **Asistencia legal:** Es crucial que las víctimas tengan acceso a asesoría legal gratuita o a bajo costo, especialmente cuando enfrentan barreras económicas. Los abogados especializados en violencia doméstica pueden ayudar a las víctimas a navegar el sistema legal, incluyendo órdenes de protección, custodia de menores y divorcio.

La importancia de la investigación continua

Finalmente, es esencial continuar investigando sobre el abuso psicológico y verbal para entender mejor sus dinámicas y desarrollar intervenciones más efectivas. La investigación debería centrarse en:

- **Nuevas formas de abuso:** Con el avance tecnológico, han surgido nuevas formas de abuso psicológico, como el ciberacoso y el abuso a través de redes sociales. Es fundamental que los investigadores exploren estas dinámicas para desarrollar estrategias de prevención y apoyo.
- **Efectividad de las intervenciones:** Continuar evaluando la efectividad de las intervenciones actuales es clave para asegurar que las víctimas reciban el mejor apoyo posible. Esto incluye estudios longitudinales que siguen a las víctimas a lo largo del tiempo para medir resultados.
- **Impacto social y económico:** Entender el impacto social y económico del abuso psicológico y verbal puede ayudar a los responsables de políticas a asignar recursos de manera más efectiva. Investigar los costos asociados con la salud, la productividad perdida y los servicios sociales

puede ser útil para abogar por más fondos y programas de apoyo.

Impacto en niños y adolescents

Los niños y adolescentes que crecen en hogares donde hay abuso psicológico y verbal, ya sea como testigos o víctimas directas, pueden sufrir consecuencias serias y duraderas en su desarrollo emocional, social y psicológico.

- **Desarrollo emocional:** Los niños que presencian abuso psicológico entre sus padres o que son víctimas directas pueden desarrollar problemas emocionales como ansiedad, depresión y baja autoestima. A menudo internalizan la violencia, llegando a creer que es una parte normal de las relaciones, perpetuando así un ciclo de violencia en sus vidas adultas.

- **Rendimiento académico:** El ambiente tenso y el estrés constante pueden afectar negativamente el rendimiento escolar. Es común que los niños expuestos a abuso tengan dificultades para concentrarse, problemas de conducta en la escuela y mayor riesgo de abandono escolar.

- **Relaciones interpersonales:** Los adolescentes que han crecido en un ambiente abusivo pueden tener dificultades para formar relaciones saludables. Pueden replicar patrones de abuso en sus relaciones románticas o desarrollar una profunda desconfianza que les impide conectar emocionalmente con otros.

- **Salud mental a largo plazo:** Estudios muestran que niños y adolescentes expuestos a abuso psicológico tienen un mayor riesgo de desarrollar trastornos mentales a lo largo de su vida, incluyendo trastornos de personalidad, problemas en la regulación emocional y conductas autolesivas.

- **El mito del "hogar roto":** Un mito común es que es mejor que los niños crezcan con ambos padres, incluso si uno es abusivo. Esta creencia puede hacer que las víctimas permanezcan en relaciones peligrosas pensando que hacen lo correcto por sus hijos. Sin embargo, la investigación demuestra que los niños que crecen en ambientes abusivos pueden sufrir consecuencias emocionales y psicológicas graves, y que la separación de un ambiente tóxico puede ser beneficioso para ellos.

Barreras culturales y sistémicas para denunciar el abuso

A pesar de la gravedad del abuso psicológico y verbal, muchas víctimas enfrentan barreras significativas para denunciarlo y buscar ayuda. Estas barreras pueden ser culturales, sociales o sistémicas.

- **Normas culturales:** En muchas culturas, existe un estigma asociado con denunciar el abuso, especialmente cuando ocurre dentro de la familia. Las normas culturales que valoran la discreción, el honor familiar o que promueven la sumisión en las relaciones pueden disuadir a las víctimas de hablar abiertamente sobre su situación. Un informe del Fondo de Población de las Naciones Unidas (UNFPA) destaca cómo las creencias culturales pueden perpetuar la violencia de género y dificultar la intervención.

- **Desconfianza en las autoridades:** Muchas víctimas no confían en las autoridades, como la policía o el sistema judicial, para protegerlas o brindar apoyo. Esta desconfianza puede basarse en experiencias previas de ineficacia, discriminación o miedo a represalias, lo que deja a las víctimas sintiéndose impotentes y aisladas.

- **Falta de recursos:** En algunas comunidades, especialmente en zonas rurales o empobrecidas, puede haber falta de recursos y servicios accesibles para las víctimas. La carencia de refugios, servicios legales gratuitos y apoyo psicológico puede hacer que las víctimas sientan que no tienen a dónde acudir.

- **Barreras legales:** En muchos países, las leyes contra el abuso psicológico y verbal son limitadas o inexistentes. Incluso donde existen, las víctimas pueden enfrentar barreras legales, como la dificultad de probar el abuso sin evidencia física, lo que puede desincentivar la denuncia.

- **Miedo a perder la custodia:** Algunas víctimas temen que, si dejan a su pareja, puedan perder la custodia de sus hijos. Este miedo puede intensificarse por amenazas del abusador, quien puede afirmar que luchará por la custodia o usar otras tácticas legales para separar a la víctima de sus hijos. Este tipo de manipulación es una forma poderosa de control que puede mantener a la víctima atrapada en la relación.

- **Preocupación por el bienestar financiero:** La estabilidad económica es una gran preocupación para muchas víctimas, especialmente si el abusador es el principal proveedor financiero del hogar. La idea de mantener la unidad familiar puede estar motivada por el miedo a no poder mantener económicamente a los hijos por sí mismas, lo que refuerza la dependencia económica y emocional de la víctima hacia el abusador.

El rol de las políticas públicas

Las políticas públicas son fundamentales para la prevención del abuso psicológico y verbal, y para la protección de las víctimas. Los gobiernos pueden desempeñar un papel crucial mediante la implementación de leyes y programas de apoyo, así como la promoción de cambios culturales.

- **Legislación integral:** Es esencial que las leyes reconozcan y sancionen el abuso psicológico y verbal como una forma de violencia doméstica. Esto incluye la creación de mecanismos legales que permitan a las víctimas obtener órdenes de protección, acceso a servicios de apoyo y justicia por el daño sufrido. Países como España y Australia han avanzado en la promulgación de leyes que reconocen explícitamente el abuso psicológico en sus códigos penales.

- **Programas de apoyo:** Los gobiernos pueden financiar programas que brinden apoyo integral a las víctimas, incluyendo refugios, asesoría legal gratuita y acceso a

68

atención psicológica. También es importante que estos programas sean accesibles para todas las víctimas, independientemente de su situación económica o ubicación geográfica.

- **Educación y sensibilización:** Las campañas de concientizacion a nivel nacional pueden cambiar las actitudes sociales hacia el abuso psicológico y verbal, educando al público sobre su gravedad y fomentando que las víctimas busquen ayuda. Además, incluir la educación sobre violencia en el currículo escolar puede prevenir futuros casos al enseñar a los jóvenes sobre el respeto mutuo y las relaciones saludables.

- **Colaboración multisectorial:** Combatir el abuso psicológico y verbal requiere la colaboración de múltiples sectores, incluyendo salud, justicia, educación y servicios sociales. Los gobiernos pueden facilitar esta colaboración creando marcos intersectoriales que aseguren que las víctimas reciban apoyo coherente y coordinado.

- **Educación en escuelas y comunidades:** La educación preventiva es clave para romper el ciclo de abuso en futuras generaciones. Los programas educativos en escuelas, universidades y comunidades pueden enseñar sobre relaciones saludables, consentimiento y los peligros del machismo y las normas de género restrictivas. Estas iniciativas también pueden empoderar a los jóvenes para identificar y rechazar conductas abusivas desde una edad temprana.

Importancia del Apoyo Internacional

El abuso psicológico y verbal no es un problema aislado de un solo país o cultura; es un fenómeno global que requiere una respuesta internacional. Organismos como las Naciones Unidas y la Organización Mundial de la Salud han reconocido la importancia de abordar este tipo de abuso como una violación de los derechos humanos.

- **Convenciones internacionales:** Tratados internacionales como la Convención para la Eliminación de Todas las Formas de Discriminación contra la Mujer (CEDAW) instan a los países a tomar medidas contra la violencia de género, incluyendo el abuso psicológico y verbal. Estas convenciones proporcionan un marco para que los países implementen políticas y leyes que protejan a las víctimas.[9]

- **Asistencia y cooperación internacional:** Los países pueden beneficiarse de la cooperación internacional para compartir mejores prácticas, recursos y apoyo técnico en la lucha contra el abuso. La asistencia financiera y técnica puede ser crucial para ayudar a países con menos recursos a implementar programas efectivos de prevención y apoyo.

- **Monitoreo y evaluación global:** Es fundamental que la comunidad internacional monitoree y evalúe los avances en la lucha contra el abuso psicológico y verbal a nivel mundial. Esto incluye la recolección de datos, la evaluación de la efectividad de las políticas y la identificación de áreas donde se requiere mayor acción.

Estrategias de Prevención del Abuso Psicológico y Verbal

Prevenir el abuso psicológico y verbal requiere un enfoque proactivo que involucre a individuos, comunidades y gobiernos. Las estrategias de prevención son críticas para crear un ambiente donde se promueva el respeto mutuo y se erradique la violencia en todas sus formas.

- **Promoción de la igualdad de género:** La desigualdad de género es una de las raíces del abuso en las relaciones. Promover la igualdad de género a través de políticas públicas, programas comunitarios y cambios culturales es esencial para reducir el abuso psicológico y verbal. Esto incluye combatir los estereotipos de género que perpetúan el control y la dominación en las relaciones.

- **Fortalecimiento de redes de apoyo comunitario:** Crear redes de apoyo en las comunidades puede ser una estrategia eficaz para prevenir el abuso. Estas redes pueden incluir grupos de apoyo para víctimas, líneas telefónicas de ayuda y centros comunitarios donde las personas puedan recibir consejería y orientación.

- **Empoderamiento de posibles víctimas:** Empoderar a las personas en riesgo de ser víctimas de abuso, especialmente mujeres y jóvenes, es crucial para la prevención. Los programas que se enfocan en desarrollar habilidades de asertividad, independencia económica y conciencia de derechos pueden ayudar a reducir la vulnerabilidad al abuso.

Investigación y Recolección de Datos

Una base sólida de datos y evidencia es crucial para abordar el abuso psicológico y verbal de manera efectiva. La investigación en este campo no solo ayuda a entender mejor el problema, sino que también proporciona la información necesaria para diseñar políticas y programas de intervención.

- **Recolección nacional de datos:** Es esencial que los países implementen sistemas nacionales de recolección de datos que capturen la prevalencia del abuso psicológico y verbal. Estos datos deben desglosarse por género, edad y otros factores relevantes para identificar patrones y grupos de alto riesgo.

- **Investigación académica:** Las universidades y centros de investigación pueden desempeñar un papel crucial en el estudio del abuso psicológico y verbal. La investigación puede explorar áreas como factores de riesgo, consecuencias a largo plazo y la efectividad de diferentes intervenciones.

- **Evaluación de programas:** Es importante que los programas y políticas de prevención e intervención sean evaluados regularmente para asegurar su efectividad. Esto incluye valorar si los programas están alcanzando a las poblaciones objetivo y si están logrando el impacto deseado para reducir el abuso.

- **Colaboración Internacional en la Investigación:** La colaboración entre países y organizaciones internacionales en la investigación puede ayudar a compartir conocimientos y mejores prácticas. Las iniciativas de investigación a nivel global pueden proporcionar una visión más completa del problema y fomentar la implementación de soluciones basadas en evidencia.

Estadísticas Globales sobre el Abuso Psicológico y Verbal

La Encuesta Nacional sobre la Violencia contra las Mujeres en Estados Unidos (NVAW, 2000) reveló que más del 50 % de las mujeres que sufren abuso psicológico también reportan que la agresión ocurre diariamente o seminalmente.[10]

Las estadísticas pueden ser una herramienta poderosa para ilustrar la magnitud del problema y crear conciencia. Aquí algunos datos clave:

- **Prevalencia global:** Según la Organización Mundial de la Salud (OMS), aproximadamente una de cada tres mujeres en todo el mundo ha experimentado violencia física o sexual por parte de una pareja íntima en algún momento de su vida. Aunque el enfoque suele estar en la violencia física, el abuso psicológico y verbal es igualmente prevalente y puede coexistir con otras formas de violencia.

- **Impacto en la salud mental:** Múltiples estudios han encontrado que las mujeres que experimentan abuso psicológico y verbal tienen un riesgo significativamente mayor de desarrollar trastornos mentales, como depresión y ansiedad; algunos estudios destacan que las mujeres expuestas a abuso emocional tienen más del doble de probabilidad de sufrir problemas de salud mental en comparación con quienes no han sido abusadas.

- **Impacto económico:** El abuso psicológico y verbal también tiene un impacto económico. La violencia de género, incluyendo la violencia psicológica, le cuesta a las economías miles de millones de dólares al año en términos de pérdida de productividad, costos de atención médica y servicios de apoyo.

- **Efectos intergeneracionales:** La investigación ha demostrado que los niños que crecen en hogares donde ocurre abuso psicológico y verbal tienen un mayor riesgo de replicar este comportamiento en sus propias relaciones adultas, perpetuando un ciclo intergeneracional de violencia.

Desafíos para Identificar el Abuso Psicológico y Verbal

Identificar el abuso psicológico y verbal puede ser difícil, tanto para las víctimas como para los profesionales que intentan ayudar. La naturaleza insidiosa de este tipo de abuso significa que a menudo está oculto a simple vista, y las señales pueden ser difíciles de detectar incluso para quienes están cerca de la víctima.

- **Normalización del comportamiento abusivo:** Muchas veces, las víctimas no reconocen que están siendo abusadas porque han internalizado el comportamiento como normal o merecido. Este proceso de normalización puede ser resultado de manipulación y gaslighting, donde el agresor distorsiona la realidad para hacer que la víctima dude de sus propios juicios y percepciones.

- **Estigma y vergüenza:** El estigma social asociado a ser víctima de abuso, especialmente psicológico y verbal, puede impedir que las personas busquen ayuda. La vergüenza y el miedo pueden llevar a las víctimas a permanecer en silencio, perpetuando el ciclo de abuso.

- **Falta de conciencia:** Muchas personas, incluidos profesionales de la salud y el bienestar, pueden no estar suficientemente capacitados para identificar el abuso psicológico y verbal. Esto puede llevar a que se pasen por alto o minimicen las señales de abuso, dejando a las víctimas sin el apoyo que necesitan.

- **Dificultad para probar el abuso:** A diferencia del abuso físico, que puede dejar evidencia visible, el abuso psicológico y verbal es más difícil de demostrar. La falta de "evidencia" tangible puede complicar los esfuerzos de las víctimas para buscar justicia o protección legal.

- **Ciclo de abuso y reconciliación:** El ciclo de abuso, que incluye una fase de reconciliación o "luna de miel", puede confundir a las víctimas y hacerles creer que el abuso no es tan grave o que su pareja cambiará. Este ciclo perpetúa la esperanza de que el abusador se reforme, lo que puede impedir que la víctima busque ayuda.

El Papel de la Sociedad y la Cultura en el Abuso Psicológico y Verbal

Las normas culturales y sociales juegan un papel importante en la perpetuación del abuso psicológico y verbal. Comprender estas influencias puede ayudar a desarrollar estrategias más efectivas para abordar y prevenir el abuso.

- **Normas de género y machismo:** En muchas culturas, las normas tradicionales de género que refuerzan el machismo y la subordinación de las mujeres contribuyen al abuso psicológico y verbal. Estas normas pueden justificar el control y la dominación en las relaciones, y deslegitimar las quejas de las víctimas, perpetuando un ambiente en el que el abuso es tolerado o incluso esperado.

- **Roles familiares:** En algunas sociedades, se espera que las mujeres asuman roles subordinados dentro de la familia, lo que puede facilitar el abuso. El énfasis en la obediencia y el sacrificio por el bienestar familiar puede hacer que las mujeres se sientan culpables por denunciar el abuso o buscar ayuda externa.

- **Estigmatización del divorcio y la separación:** En culturas donde el divorcio o la separación están altamente stigmatizados, las víctimas pueden sentirse atrapadas en relaciones abusivas por temor a la desaprobación social o a la condena religiosa. Este estigma dificulta que las víctimas abandonen relaciones abusivas.

- **Representaciones mediáticas:** Los medios pueden contribuir a la normalización del abuso psicológico y verbal al glorificar relaciones tóxicas o presentar comportamientos abusivos como romanticos o apasionados. Estas representaciones distorsionadas pueden influir en la percepción de lo que constituye una relación "normal" y hacer que las víctimas toleren conductas inaceptables.

- **Falta de recursos en comunidades marginadas:** Las comunidades marginadas, incluyendo aquellas con bajos ingresos, minorías étnicas y personas LGBTQ+, a menudo enfrentan barreras adicionales para acceder a recursos de apoyo. La discriminación, la pobreza y la falta de servicios culturalmente competentes pueden dejar a las víctimas en estas comunidades especialmente vulnerables al abuso.

Recursos para Víctimas de Abuso Psicológico y Verbal

El camino para salir de una relación abusiva es complicado y desafiante, pero existen recursos y estrategias que pueden ser vitales para las víctimas. Estos recursos pueden ayudar a las víctimas a recuperar su autonomía, sanar emocionalmente y construir un futuro libre de abuso.

Apoyo Psicológico y Terapia

- **Terapia Individual:** El apoyo de un psicólogo o terapeuta especializado en violencia doméstica es esencial. La terapia individual puede ayudar a la víctima a procesar el trauma, identificar patrones de abuso y desarrollar estrategias para recuperar la autoestima y la autonomía. En muchos casos, se utiliza la Terapia Cognitivo Conductual (TCC) para ayudar a las víctimas a reestructurar pensamientos negativos y aprender nuevas formas de afrontamiento.

- **Grupos de Apoyo:** Participar en grupos de apoyo puede ser una experiencia valiosa para las víctimas. Estos grupos, a menudo dirigidos por profesionales de la salud mental, ofrecen un espacio seguro para compartir experiencias, recibir apoyo emocional y aprender de otros. Saber que no están solas en su lucha puede ser un gran alivio para las víctimas, y los grupos pueden proporcionar una red de apoyo y solidaridad.

- **Líneas de Ayuda:** Muchas organizaciones ofrecen líneas telefónicas o chats en línea para brindar apoyo inmediato a las víctimas. Estas líneas suelen estar atendidas por profesionales capacitados que pueden ofrecer consejos en tiempo real, referencias a recursos locales y ayuda para planificar una salida segura. En muchos países, estas líneas están disponibles las 24 horas, los 7 días de la semana.

Recursos Legales

- **Órdenes de Protección:** En muchos países, las víctimas de abuso pueden solicitar órdenes de protección o medidas cautelares que prohíben al agresor acercarse a ellas o a sus hijos. Estas órdenes pueden incluir medidas como no contacto, expulsión del agresor del hogar compartido y restricciones para acercarse a ciertos lugares, como el trabajo o la escuela de la víctima.

- **Asesoría Legal:** El acceso a un abogado especializado en violencia doméstica es crucial para las víctimas. Un abogado puede orientar sobre los derechos legales, ayudar a la víctima a presentar denuncias y representarla en procedimientos judiciales. Además, en casos de abuso grave, el abogado puede ayudar a perseguir justicia penal contra el agresor.

- **Servicios de Refugio:** Los refugios para víctimas de violencia doméstica ofrecen un lugar seguro y confidencial donde las víctimas pueden escapar del abuso. Estos refugios suelen proporcionar alojamiento temporal, asesoramiento y servicios de apoyo para ayudar a las víctimas a reconstruir sus vidas. Algunos refugios también ofrecen servicios legales y asistencia para la reintegración social.

Asistencia Social y Financiera

- **Programas de Ayuda Financiera:** Muchas víctimas permanecen en relaciones tóxicas debido a la dependencia económica. Programas gubernamentales y no gubernamentales pueden ofrecer ayuda financiera, como subvenciones, vales de alimentos y asistencia para vivienda. Estos programas están diseñados para proporcionar apoyo económico crucial mientras las víctimas comienzan a reconstruir sus vidas fuera del control del abusador.

- **Capacitación y Empleo:** La independencia económica es un factor clave para que una víctima pueda romper el ciclo de abuso. Organismos gubernamentales y agencias ofrecen programas de capacitación laboral y asistencia para la búsqueda de empleo, para ayudar a las víctimas a adquirir las habilidades necesarias para encontrar un trabajo y mantener su independencia financiera.

- **Programas de Vivienda:** Encontrar un lugar seguro donde vivir es una preocupación primordial para las víctimas que dejan una relación abusiva. Existen programas de vivienda de emergencia y a largo plazo que proporcionan alojamiento seguro para las víctimas y sus hijos. Estos programas a menudo incluyen apoyo adicional, como ayuda para la búsqueda de empleo y asesoramiento.

Redes de Apoyo Comunitario

Organizaciones No Gubernamentales (ONG): Existen numerosas ONG dedicadas a brindar apoyo a víctimas de violencia doméstica. Estas organizaciones ofrecen una variedad de servicios, desde asesoría legal y apoyo hasta vivienda temporal y programas de capacitación. Las ONG también desempeñan un papel crucial en la defensa de políticas públicas que protejan a las víctimas y promuevan la igualdad de género.[11]

- **Apoyo Religioso o Espiritual:** Algunas víctimas encuentran consuelo y apoyo en su comunidad religiosa o espiritual. Los líderes religiosos pueden ofrecer orientación moral y emocional, y muchas congregaciones ofrecen programas específicos para víctimas de abuso. Sin embargo, es importante que estos líderes estén capacitados para manejar los casos de abuso de manera que prioricen la seguridad y el bienestar de la víctima.

- **Redes de Solidaridad de Mujeres:** Los grupos de mujeres en la comunidad a menudo actúan como redes informales de apoyo, ofreciendo consejos, compañía y asistencia práctica a las víctimas. Estas redes pueden ser un recurso valioso, especialmente en áreas donde los recursos formales son limitados. La solidaridad entre mujeres puede ayudar a crear un sentido de pertenencia y empoderamiento, crucial para la recuperación de las víctimas.

Dificultad para Romper el Ciclo

- **El Ciclo de Esperanza y Reconciliación:** Muchas víctimas se encuentran atrapadas en un ciclo en el que el abusador alterna entre conductas violentas y promesas de cambio. Durante la fase de reconciliación, el abusador puede prometer mejorar y apelar a la idea de mantener a la familia unida. La víctima, deseando creer que la situación mejorará, puede aferrarse a la esperanza de que el abusador cambiará, lo que hace que la decisión de dejar la relación sea aún más difícil.

- **Internalización de la Responsabilidad:** La presión por mantener la unidad familiar puede llevar a las víctimas a asumir la responsabilidad del éxito o fracaso de la relación. Pueden sentirse culpables por el abuso que sufren y creer que es su deber arreglar la situación. Esta percepción distorsionada refuerza la dinámica de poder del abusador y hace que la víctima se sienta aún más atrapada.

Superar la Presión

- **Educación y Empoderamiento:** Es crucial que las víctimas de abuso reciban educación sobre las dinámicas del abuso y la importancia de su bienestar individual. Entender que la responsabilidad de la violencia recae únicamente en el abusador, y no en ellas, es un primer paso esencial para romper el ciclo de abuso.

- **Apoyo Legal y Comunitario:** Contar con asesoría legal y el apoyo de organizaciones comunitarias puede proporcionar a las víctimas las herramientas necesarias para enfrentar la presión social y familiar. Estos recursos pueden ayudar a las víctimas a tomar decisiones informadas y construir una red de apoyo que las respalde durante y después de salir de la relación abusiva.

- **Redefinir el Concepto de Familia:** Es importante que las víctimas y la sociedad en general comprendan que una familia saludable no es aquella que simplemente permanece unida, sino aquella en la que todos sus miembros viven en un ambiente de respeto, amor y seguridad. Separarse de un abusador no significa destruir una familia, sino protegerla y darle la oportunidad de sanar y prosperar.

Conclusión

El abuso psicológico y verbal es una forma grave de abuso que requiere una comprensión profunda para una intervención y apoyo efectivos. Al reconocer las características, impactos y mecanismos de estos abusos, se puede brindar una mejor ayuda y prevención para quienes los sufren. La conciencia y la educación son esenciales para combatir este problema y apoyar a las víctimas en su proceso de recuperación.

Comprender el ciclo del abuso y su impacto en las víctimas es fundamental para abordar y superar las dinámicas del abuso. Romper el ciclo requiere valor, apoyo y una estrategia clara. A través de la educación, la autoayuda y el apoyo profesional, es posible recuperar el control y construir una vida libre de abuso.

PARTE III: OTROS TESTIMONIOS

Shannon

Me mudé a una ciudad balnearia, cerca del mar en el norte de Chile, donde vivía mi nueva pareja. Durante un paseo por la playa, mi hija hizo amistad con otra niña, lo que me llevó a acercarme a la madre. Vi desesperación y tristeza en su rostro, algo que quizás otras personas no habrían notado si no hubieran vivido lo mismo. Yo lo percibí solo por la expresión en sus ojos.

Al principio, solo hablamos de trivialidades: nuestros hijos y noticias actuales. Creo que ella notó algo especial en mí, tal vez que le prestaba atención y la escuchaba. Después de un rato, le conté parte de mi historia. Me miró muy sorprendida. Estaba a punto de llorar, pero ella me tranquilizó y dijo que entendía perfectamente, y que yo era afortunada de haber podido escapar. Eso caló hondo en mi corazón y le agradecí. "Yo, en cambio, estoy atrapada", dijo, y rompió en llanto. Ahora fui yo quien la consoló y la animó a contarme su experiencia.

Shannon era una mujer joven, pero parecía envejecida. Su cabello estaba despeinado y enmarañado, y en general apagado, con una actitud perdida y distante. Me contó que cuando conoció a José, mientras compartían con amigos en común, se enamoraron inmediatamente. Salieron a bailar y cenar varias veces. José, siendo un hombre importante y adinerado, la colmaba de regalos, viajes y cumplidos. Era muy encantador, cortés y un caballero. Parecía ser el hombre perfecto.

Se casaron unos meses después, y pronto ella comenzó a notar el cambio en él. La menospreciaba y humillaba frente a amigos y le prohibió trabajar después de que tuvieron a su primer hijo, según él, para que ella pudiera dedicar más tiempo al bebé. Ella accedió, pensando quizás que así él estaría más tranquilo y no actuaría con violencia. Sin embargo, con el tiempo, la negatividad aumentó.

Antes, Shannon había sido una profesional exitosa, gerente de una gran empresa, y ahora no se sentía capaz de nada. Su autoestima había caído demasiado y el miedo creció tanto que estuvo al borde del suicidio. Le expliqué lo mejor que pude la situación en la que estaba y le aconsejé que dejara a su abusador. Sin embargo, me dijo que era imposible, porque él era muy poderoso. Estaba convencida de que no tenía ninguna oportunidad de escapar. Le sugerí que al menos intentara ponerlo en su lugar cuando la abusara verbal o psicológicamente, pero ella solo me miró resignada y me invitó a su apartamento que estaba cerca. Yo apenas me estaba recuperando y no sabía bien cómo ayudarla. Me sentí muy frustrada.

Ya en el apartamento, me di cuenta de la magnitud de la desolación en la que ese hombre tenía las cosas. Por fuera, era un condominio cerrado y lujoso, pero por dentro estaba desolado. Apenas tenía muebles, solo lo estrictamente necesario, con casi ninguna ornamentación o decoración que diera calidez familiar. Era oscuro y frío, con cortinas opacas y colores apagados. Las niñas jugaban mientras tomábamos té y comíamos galletas, intentando olvidar, al menos por un rato, nuestro dolor.

Desafortunadamente, no pude seguir viendo a Shannon porque me mudé a otro lugar más al sur. Me sentí desanimada y muy impotente porque no pude hacerle entender que el poder para cambiar su situación estaba en ella. Quería empoderarla para que fuera valiente y decidida a encontrar una salida de las garras de su abusador. No estaba preparada para ayudar tanto como quería. Espero haberle dado algo de luz y un atisbo de posibilidad futura.

Mi Madre

Lamentablemente, me di cuenta de que mi propia madre estaba en una relación con un misógino, pero él era mucho más encantador, ya que pertenecía al ambiente artístico, y su abuso se llevaba a cabo de una manera muy disimulada, casi imperceptible para los demás. Los episodios violentos ocurrían cuando llegaba a casa borracho tarde en la noche, haciendo un gran escándalo y amenazando con matar a mi madre.

En una ocasión, llamé a una buena amiga de mi madre, quien llegó con la policía, pero no pasó nada porque mi madre no quiso presentar cargos por miedo, y eso fue todo.

Recuerdo haberle suplicado a ese hombre por la vida de mi madre de rodillas, mientras él la amenazaba con un cuchillo. Gracias a Dios, logré calmarlo y hacer que se durmiera en su borrachera. Afortunadamente, para mi familia, ese hombre se enamoró de una vecina y, después de diecinueve años de matrimonio con mi madre, se separaron sin demasiada atención negativa, aunque él fue culpable de engaños y adulterio por más de tres años.

Mi madre vino a vivir conmigo y mi pequeña familia para protegerse en caso de que él intentara hacerle daño otra vez, lo cual, gracias a Dios, no sucedió. Años después, él murió.

Vicky

El caso de Vicky fue dramático y, al mismo tiempo, inspirador. Ella tenía veinticinco años cuando conoció a Ralph, a quien pensó que era el amor de su vida. Aunque notó que tenía algunos vicios como el alcohol y la marihuana, razonó que podría ayudarlo dándole mucho amor y comprensión. Pronto comenzaron a vivir juntos y, aunque no lo habían planeado, ella quedó embarazada, y tuvieron un hermoso niño. Cuando el bebé tenía cinco meses, descubrió que él le era infiel y, aunque con mucho dolor, le pidió que se fuera a vivir a otro lugar.

Vicky estaba devastada y también sufría de depresión posparto. Afortunadamente, contó con el apoyo de su madre, amigos cercanos y otras mujeres de un programa en el que participaba para madres con hijos recién nacidos, lo que la ayudó enormemente a superar ese momento amargo. Vicky se empoderó para seguir adelante y luchar por su bebé.

Después de compartir la custodia del bebé con su ex Ralph por un tiempo, Vicky se dio cuenta de que él no era un buen ejemplo para su hijo y decidió mudarse fuera del país.

Poco después, Vicky conoció a otro hombre que le ofreció seguridad, apoyo y cariño, o eso pensó. Este hombre la convenció de ir a Estados Unidos, donde nació su hijo. Vicky aceptó, sin imaginar que sería el comienzo de otra gran decepción.

Unos meses después de llegar a Estados Unidos, Vicky y su nuevo amor, Carlos, se casaron. En ese momento, ella pensaba que él era sincero en su amor, pero todo lo que quería era que ella lo ayudara con la residencia en el país, ya que Vicky es estadounidense. Casi de inmediato comenzaron las peleas y el maltrato, no solo hacia ella, sino también hacia su hijo.

Vicky comenzó a sentirse cada vez más menospreciada, ignorada e infeliz, especialmente porque, aunque no estaba segura, sentía que su pequeño estaba siendo abusado, lo que le generaba mucha culpa. Vicky conocía mi historia previa, por lo que reconoció el abuso y empezó a planear cómo salir de esa relación.

Un día, cuando la situación se volvió insostenible, Vicky fue con su madre. Sin embargo, su madre no pudo recibirla porque vivía con una prima que, por miedo al COVID y a represalias de Carlos, no permitió que Vicky y su hijo vivieran con ellos.

Sin otra opción, Vicky tuvo que buscar la manera de sobrevivir en su hogar con Carlos. Se distanció de él y le dijo que dormiría en la habitación de su hijo, lejos de él, y que si se atrevía a hacerle daño a ella o a su hijo, lo denunciaría y frenaría el proceso de residencia. Carlos se calmó, pero a partir de ese momento, Vicky tuvo que vivir varios meses con mucho miedo y humillación.

Finalmente, después de varios meses de mucho dolor, la madre de Vicky compró una casa móvil y Vicky y su hijo pudieron mudarse con ella, lo que fue un gran alivio.

Más tarde, un amigo mecánico de la familia le contó a Vicky que Carlos lo había visitado en el pasado para hablar de un vehículo. Hablaron por más de una hora, y luego el mecánico lo acompañó a su auto. Para sorpresa del mecánico, vio al hijo de Vicky en el coche y reprendió a Carlos por haber dejado a un menor solo en el vehículo durante tanto tiempo. Esto pudo haber sido una catástrofe, pero afortunadamente su hijo estaba bien y preguntó si podía salir del vehículo.

Mientras Vicky me compartía su historia, lloraba por la impotencia, la rabia y la tristeza, dándose cuenta de que tomó la decisión correcta al dejar a un hombre tan abusivo. Desde ese momento, se prometió cuidar mucho más a su pequeño y a ella misma, pues estaba con sobrepeso y completamente descuidada en su apariencia física y salud. Le aconsejé que tomara las cosas con calma, que se recuperara y realmente sanara de todo lo que había vivido antes de entrar en otra relación amorosa, porque si no, atraería más de lo mismo.

Con el tiempo y ayuda con la cual colaboré a proporcionar se recuperó y se certificó como entrenadora personal, ahora vive una vida más empoderada, libre y feliz al lado de su hijo.

Tina

Tina y yo nos conocimos mientras trabajábamos juntas en servicio al cliente. Era un ambiente de trabajo rápido y agitado. Siempre que podíamos, nos juntábamos durante el almuerzo y hablábamos. Después de unas semanas, comenzamos a tener mucha más confianza la una con la otra y nuestras conversaciones se volvieron más personales.

Surgió el tema del abuso y le conté mi historia con Mark. Cada vez que hablábamos del tema, notaba que ella me prestaba más atención. Un día me dijo que quería saber más porque era muy similar a lo que ella estaba viviendo en ese momento. Sabiendo que tenía la oportunidad de ayudarla, profundicé más. Compartí en detalle lo que había vivido, lo que había aprendido a través de la investigación y lo que experimenté durante todo el proceso de sanación.

Entonces ella decidió contarme su historia. Me permitió incluirla en este libro, con la esperanza de que ayude a muchas mujeres a darse cuenta de lo que están viviendo, cómo se llama, cómo responder y cómo salir de forma segura y mantenerse alejadas de relaciones abusivas. Aquí está la historia de Tina, en sus propias palabras:

Mi vida con Calvin

Al principio todo iba muy bien, y Calvin parecía un buen hombre. Las cosas avanzaron rápidamente para formalizar la relación, y nos casamos. Yo estaba locamente enamorada de Calvin y también estaba feliz porque sabía que a través del matrimonio obtendría estatus legal de inmigración en los Estados Unidos de América.

Siempre me he considerado una mujer libre, independiente y muy inteligente en todos los aspectos de mi vida.

Abril de 2018

Viviendo mi primer año como inmigrante en los Estados Unidos, en el estado de Florida, descargué una aplicación de citas. Básicamente solo conocí y hablé con un chico; se llamaba Calvin. Desde ese momento comenzamos a conocernos por chat y días después tuvimos nuestra primera cita.

Fuimos a cenar a un restaurante donde pudimos conocernos un poco más. Calvin, un norteamericano que solo hablaba inglés, y yo, una colombiana apenas aprendiendo inglés. Calvin causó una gran primera impresión. Parecía un hombre tierno, un poco tímido, no me entendía del todo, pero se esforzaba mucho por hacerlo. Parecía muy paciente y amable y hacía un esfuerzo intencional para hacerme sentir bien.

Después de salir durante más de tres meses, me vi obligada a tomar una decisión: o volver a mi país de origen, Colombia, o encontrar una familia anfitriona que sirviera como patrocinadora para poder quedarme en los Estados Unidos.

Conocía a una posible familia anfitriona en otro estado. Calvin, triste y sin querer que me fuera, me ofreció casarse conmigo. Lo razoné antes de decidir. Incluso si viviéramos juntos y comenzáramos una familia, existía la opción del divorcio si no funcionaba, y yo quería acabar con todo.

Me tomó un par de semanas decidir qué camino tomar. Después de algunas conversaciones con mi mamá, concluimos que Calvin era un hombre maravilloso y que nada podría salir mal, así que casarme era la mejor opción.

Tuvimos una boda muy privada, solo nosotros dos. Esperábamos más adelante tener una gran boda en Colombia con nuestras familias. Su familia estaba en Estados Unidos, pero vivían en los estados del norte, así que era un viaje largo. Aunque su padre vivía con él, no nos acompañó ese día.

El plan era que yo me mudara con Calvin, el papá de Calvin y su nueva esposa, que era una mujer china y no hablaba nada de inglés. Aparentemente, ellos también tuvieron una boda muy privada.

Días antes de mudarme, salimos a un bar con un amigo que nos visitaba. Al principio todo estaba bien hasta que Calvin bebió unas cervezas y los efectos del alcohol hicieron efecto. Mi amiga conoció a un mexicano esa noche que nos invitó a todos a una fiesta después. Siendo jóvenes, en nuestros veintitantos, emocionados por explorar un nuevo país, mi amiga y yo estábamos deseando ir, junto con Calvin. Salimos del bar y, sin aviso, Calvin desapareció en las calles del centro de Melbourne. Minutos después lo encontramos caminando solo, un poco perdido y muy enojado. Quería que mi amiga y yo nos fuéramos a casa y fue grosero con el nuevo amigo mexicano que acabábamos de conocer, quien, para evitar problemas, decidió despedirse y se fue.

Calvin nos hizo perseguirlo a un ritmo muy rápido por varias cuadras porque él era quien conducía el carro esa noche. No hizo más que regañarme y ridiculizarnos sobre el "sueño americano", burlándose de que nunca lo encontraríamos. Finalmente llegamos al carro. Calvin y yo dejamos a mi amiga en su casa y regresamos a la casa de Calvin.

Después de dos horas de discusión en su cuarto, todavía no entendía exactamente qué quería de mí. Solo quería descansar y dormir, pero él seguía y seguía hablando de mi supuesto "sueño americano" mezclado con otras palabras ofensivas.

Unos días después, llegó el momento de mudarme oficialmente a su casa. Estaba muy feliz. En su mayoría, Calvin me trataba bien y teníamos una conexión cercana. Esperaba comenzar nuestra nueva vida juntos.

Durante muchos meses no pude trabajar porque la ley no me lo permitía hasta recibir mi permiso de trabajo. Mientras tanto, me dediqué a mejorar mi inglés y tomar cursos relacionados con mi carrera profesional de ingeniería industrial. Él llegaba feliz del trabajo al verme ahí, casi siempre con un almuerzo bien preparado, siendo una mujer totalmente disponible para él.

Después de solo tres semanas de vivir juntos, sus llegadas comenzaron a ser un poco tormentosas. Su semblante cambió. Apenas me saludaba o siquiera volteaba a mirarme. Al principio quería creer que era el estrés del trabajo.

No sabía que esa sería mi vida con él. Un hombre con cada vez menos palabras que decir, que ignoraba completamente mi existencia. Mi autoestima y felicidad cayeron al suelo.

Hablaba con mi mamá a menudo y nuestras conversaciones me llenaban de vida. No le contaba lo que pasaba con Calvin. Mi inglés mejoró mucho, y me iba bien en mis cursos en línea. Empecé a hacer ejercicio para que la depresión no me dominara.

Las habilidades culinarias de Calvin eran muy básicas, y dependía de mí para preparar sus comidas. Cada vez que íbamos al supermercado, se comportaba de una manera muy cruel y egoísta. Estoy acostumbrada a ser una mujer independiente, pero en ese momento de mi vida, dependía completamente de Calvin, y él usaba eso para aprovecharse y humillarme. Me hacía consciente de que era su dinero el que se gastaba. Siempre caminaba delante de mí como si no estuviéramos juntos y decía cosas como: "¿Necesitamos algo de este pasillo? ¿No? ¡Pues vámonos!", sin darme oportunidad ni siquiera de responder. Simplemente comprábamos lo necesario para sus comidas preferidas y nada de lo que a mí me gustaba.

En cuanto al sexo, al principio nos iba muy bien. Poco después de vivir juntos como marido y mujer, nuestra vida sexual decayó drásticamente. Era solo para satisfacer sus necesidades físicas, en el momento y lugar que él eligiera. A menudo me despertaba a las dos o tres de la mañana para que él pudiera satisfacerse. No le importaba que interrumpiera mi sueño ni si yo quería o no. Calvin era un hombre egoísta en la cama.

Finalmente, recibí mis papeles para poder trabajar y viajar. Encontré trabajo en un centro de llamadas. Hice algunos amigos allí, pero nunca pude aceptar sus invitaciones para salir fuera del trabajo por culpa de Calvin. Él consideraba esto una falta de respeto. Decía cosas como: "Una buena esposa no hace eso. Una buena esposa se queda en casa cuidando a su esposo". Sus comentarios y puntos de vista sexistas inhibían mi libertad.

Con el tiempo, nuestra relación se deterioró cada vez más.

Tina llegó a un punto en el que ya no pudo continuar...

Para entonces, ella decidió ir por un tiempo corto a Colombia y reflexionar qué hacer con su vida, mientras tanto, mi hija y yo trabajamos juntas para sacar a Tina de la casa de Calvin. Cuando ella regresó se quedó con nosotras. La acompañamos a buscar sus cosas a casa de Calvin.

Estábamos preparadas para llamar a la policía si él se volvía violento con ella o con nosotras. Cuando llegamos, Calvin se sorprendió al vernos y la dejó ir sin problema alguno. Yo me quedé afuera mientras mi hija entraba a la casa para ayudar a Tina a recoger sus cosas. Se revelaron las terribles condiciones en las que Tina vivía. Solo había un colchón en el piso para dormir y algunos otros muebles. La cocina estaba casi vacía. Todo el lugar era oscuro y húmedo.

Tina se quedó con nosotras por un tiempo corto y luego regresó a su país. Ella está bien, logró regularizar su estatus legal y recuperó su libertad. Viaja con sus amigas, trabaja donde quiere y vive libre e independiente. Afortunadamente, pudo alejarse de su abusador de manera segura y seguir adelante con su vida. Mantenemos contacto con ella, y es nuestra amiga eterna.

PARTE IV: ALTERNATIVAS y CONSEJOS PRÁCTICOS

El misógino habrá ganado si deja a su esposa o pareja fuera de control. En general, los hombres, en mayor o menor medida, a veces intentan dominar descalificando a una mujer o haciéndola sentir culpable cuando la culpa es suya.

Es aquí donde las mujeres deben reclamar su posición sin recurrir a la violencia o al abuso. Es importante ser asertiva y ayudar a descubrir ideas equivocadas.

Saber cómo recuperar el terreno perdido es esencial.

Es crucial que las mujeres no confundan defenderse con gritar o suplicar. Estas reacciones a menudo son ineficaces.

Cuando una mujer no establece firmemente sus límites y no se defiende, deja al misógino el control total sobre la relación. La mujer puede parecer fuera de control, ya sea que grite, suplique o llore, y el misógino habrá ganado si logra desestabilizarla emocionalmente.

Muchos profesionales coinciden en que hay reacciones comunes al abuso de la pareja que son ineficaces, tales como:

- Pedir perdón
- Suplicar
- Llorar
- Discutir
- Defenderse
- Acusar
- Gritar
- Amenazar

Más allá de estas respuestas ineficaces, existen estrategias realmente efectivas que muchas mujeres simplemente nunca han aprendido a usar. Antes de implementar tu respuesta, decide qué aspectos de la relación necesitan cambiar.

Cuando un misógino ya ha definido lo que deberías o no deberías pensar, sentir o hacer, imponiendo un monopolio sobre lo que está bien en la relación y sin considerar tus sentimientos y necesidades, practica incurporar estas frases en tu vocabulario para defenderte:

- "Esto es lo que pienso."
- "Esto es lo que creo."
- "Esto es lo que voy a hacer."
- "Esto es lo que no voy a hacer."
- "Esto es lo que quiero."

Luego, haz una lista de las cosas que quieres dentro de la relación:

- Quiero igualdad en términos de dinero.
- Que mis necesidades sexuales sean tan importantes como las tuyas.
- Quiero tener voz en las decisiones que nos conciernen.

- Quiero respeto por el trabajo que hago, ya sea fuera o dentro del hogar, o ambos.
- Quiero participar en actividades que sean importantes para mí, no solo en las que tú elijas.

Agrega aspectos personales:

- Quiero trabajar (si no lo haces).
- Quiero perfeccionar mi carrera.
- Quiero más ayuda en casa.
- Quiero más ayuda con los niños.

Establece cosas que nunca permitirás de nuevo:

- No permitiré que me grite.
- No permitiré que me insulte.
- No permitiré que me critique.
- No permitiré que me menosprecie.
- No permitiré que me controle y me diga qué hacer.
- No permitiré que me humille.

RECUERDA, TODAS TENEMOS DERECHOS.

Disminuye el uso de frases como:

- "Lo siento."
- "¿Está bien esto?"
- "¿Estás de acuerdo conmigo?"
- "Si te vas a enojar, haré lo que quieras."

Las personas que se sienten bien consigo mismas pueden decir: "Puedo darte mi opinión, y tú decides si te gusta o no." En una buena relación, pueden coexistir dos opiniones. Ahora necesitas decidir qué es lo que realmente quieres, por ejemplo:

- Quiero respeto.
- Quiero poder expresarme.
- Quiero ser escuchada.
- Quiero ser valorada.
- Quiero que me tomen en serio.
- Quiero ternura.
- Quiero comprensión.
- Quiero tener derecho a tener mis propias creencias y opiniones.

Si quieres estas cosas y estás en una relación misógina, necesitas actuar para mejorar tu salud mental, emocional y espiritual, que están en serio peligro de verse gravemente afectadas.

El abuso psicológico y verbal puede ser devastador, y es esencial que las víctimas no solo reconozcan el abuso, sino que también adopten estrategias efectivas para protegerse y recuperar el control. Aquí hay alternativas y consejos prácticos que pueden ser útiles para quienes enfrentan estas situaciones.

Estrategias para reclamar tu posición personal

El objetivo no es simplemente "ganar" una discusión, sino restaurar el respeto y la justicia en la relación. Aquí algunas maneras de hacerlo:

- **Mantente tranquila y en control:** La calma y el autocontrol son esenciales. Las reacciones emocionales como gritar o llorar pueden ser mal interpretadas o manipuladas. En su lugar, responde con firmeza y tranquilidad para que tu mensaje se escuche claramente.

- **Establece límites claros:** Define y comunica claramente cuáles son tus límites. Usa frases directas como: "No toleraré que me hables de esa manera," o "No aceptaré que se ignore mi opinión."
- **Usa frases afirmativas:** Cambia el enfoque hacia afirmaciones de tus derechos y deseos. Por ejemplo, "Necesito respeto en nuestra comunicación," o "Es importante para mí que las decisiones se tomen en conjunto."

Estrategias alternativas a conductas ineficaces

La Dra. Susan Howard destaca conductas que suelen ser ineficaces para manejar el abuso. En su lugar, considera estrategias más efectivas:

- **Evita las reacciones emocionales:** En vez de disculparte o suplicar, enfócate en mantener un diálogo constructivo y asertivo. Las disculpas y súplicas pueden percibirse como una admisión de culpa o debilidad.
- **Desarrolla la asertividad:** Practica la asertividad expresando tus necesidades y

deseos sin agresión. La asertividad se basa en la comunicación clara y respetuosa, y puede ayudar a establecer un equilibrio en la relación.

- **Busca apoyo profesional:** Considerar la ayuda de un terapeuta o consejero puede ser fundamental para desarrollar habilidades de comunicación efectiva y estrategias para manejar el abuso.

Derechos y autoestima en la relación

La afirmación de los derechos personales es esencial para una relación equitativa y respetuosa:

- **Derecho al respeto y la valoración:** Asegúrate de que tus derechos básicos, como el respeto y la consideración, sean reconocidos y mantenidos en la relación. Esto incluye ser escuchada, valorada y tomada en serio.
- **Cuidado de la salud mental y emocional:** Prioriza tu bienestar emocional y mental. Si una relación está dañando tu salud, consi-

dera buscar ayuda profesional y explorar alternativas para protegerte.

- **Actúa con Propósito:** Si estás en una relación abusiva, toma medidas para proteger tu salud mental y emocional. Esto puede incluir establecer límites claros, buscar apoyo externo y considerar la separación si es necesario para tu seguridad y bienestar.

Recursos y Apoyo

- **Busca Grupos de Apoyo:** Participar en grupos de apoyo para víctimas de abuso puede ofrecer una red de comprensión y ayuda. Estos grupos pueden brindar consejos prácticos, apoyo emocional y recursos adicionales.

- **Consulta a Especialistas:** Terapeutas, consejeros y abogados especializados en abuso pueden ofrecer orientación personalizada y asistencia para manejar la situación de manera efectiva.

- **Investiga Recursos Comunitarios:** Muchas comunidades ofrecen recursos como líneas de ayuda, refugios y servicios legales para apoyar a personas en situaciones de abuso.

Estrategias para Recuperar el Control Personal

Recuperar el control sobre tu vida es esencial para tu bienestar. Aquí algunas estrategias adicionales para fortalecer tu autonomía:

- **Desarrolla Habilidades de Comunicación Asertiva:** La comunicación asertiva implica expresar tus pensamientos y sentimientos de manera clara y respetuosa. Practica decir lo que necesitas sin culpar ni atacar. Por ejemplo, "Me siento incómoda cuando me hablas así. Preferiría que habláramos con respeto."

- **Crea un Plan de Acción Personal:** Elabora un plan con pasos concretos para mejorar tu situación. Esto puede incluir metas a corto y largo plazo, como buscar apoyo profesional, mejorar tu autoestima o desarrollar nuevas habilidades.

- **Fomenta la Autonomía Financiera:** La independencia económica puede ser crucial para tener control en una relación abusiva. Considera explorar oportunidades para mejorar tu educación financiera, buscar empleo o aumentar tus ingresos.

Enfrentando el Ciclo de Abuso

Romper el ciclo del abuso requiere una estrategia cuidadosa y bien pensada. Aquí algunos pasos adicionales:

- **Documenta los Incidentes de Abuso:** Llevar un registro detallado de los episodios de abuso puede ayudar a identificar patrones y proporcionar evidencia si decides buscar ayuda legal.
- **Establece una Red de Apoyo:** Asegúrate de contar con amigos, familiares o grupos de apoyo en quienes puedas confiar. Esta red puede ofrecer apoyo emocional y práctico, siendo un recurso valioso en momentos de necesidad.
- **Ten un Plan de Emergencia:** En caso de que la situación empeore, es importante tener un plan seguro de salida. Esto puede incluir tener dinero guardado, saber a dónde

acudir en caso de emergencia y tener copias de documentos importantes.

Estrategias para Fortalecer la Autoestima

La autoestima es la percepción y valoración que una persona tiene de sí misma. En el contexto de una relación abusiva, puede verse severamente afectada. Fortalecer la autoestima es fundamental para recuperar el control personal y el bienestar. Aquí algunas estrategias detalladas para mejorar y fortalecer la autoestima:

- **Participa en Actividades que Disfrutes:** Involucrarte en actividades que te brinden satisfacción y alegría personal puede ayudar a fortalecer tu autoestima y proporcionar un sentido de logro.
- **Practica el Autocuidado:** Dedica tiempo para cuidar de ti física, emocional y mentalmente. Esto incluye dormir lo suficiente, alimentarte bien y realizar actividades que te relajen.
- **Desarrolla Nuevas Habilidades:** Aprender habilidades nuevas o mejorar las que ya

tienes puede aumentar tu confianza y capacidad para enfrentar desafíos.

Identificando y Desafiando Creencias Negativas

- **Reconoce las Creencias Negativas:** Identifica creencias negativas que tengas sobre ti misma, como "No soy lo suficientemente buena" o "No merezco respeto." Estas creencias suelen ser resultado de manipulación y abuso.

- **Desafía las Creencias Limitantes:** Cuestiona la validez de estas creencias. Pregúntate si hay evidencia concreta que las respalde y si realmente son ciertas. Puede ser útil escribir una lista con evidencias que contradigan esas creencias.

- **Sustitúyelas por Afirmaciones Positivas:** Reemplaza las creencias negativas con afirmaciones positivas y realistas. Por ejemplo, si antes pensabas, "No soy capaz de tomar decisiones," cámbialo por, "Tengo la capacidad para tomar decisiones informadas y efectivas."

Establecimiento y Cumplimiento de Metas

- **Define Metas Claras y Alcanzables:** Establece objetivos específicos y realizables en diferentes áreas de tu vida, como profesional, personal o educativa. Divide las metas grandes en pasos más pequeños y manejables.
- **Celebra los Logros:** Reconoce y celebra tus éxitos, sin importar su tamaño. Celebrar los logros, por pequeños que sean, puede ayudar a construir una percepción positiva de ti misma.
- **Lleva un Registro de tus Logros:** Mantén un diario de tus logros y éxitos. Revisar este registro puede servir como un recordatorio tangible de tus habilidades y éxitos, especialmente en momentos de duda.

Desarrolla Resiliencia Emocional

- **Practica la Auto Empatía:** Sé amable contigo misma y reconoce que es normal atravesar momentos difíciles. Practica la

124

auto empatía ofreciéndote apoyo y comprensión en lugar de autocrítica.

- **Aprende Técnicas de Manejo del Estrés:** Desarrolla habilidades para manejar el estrés, como meditación, yoga o técnicas de respiración. Reducir el estrés puede ayudar a mejorar tu estado emocional y autoestima.

- **Busca Consejería Profesional:** Considera trabajar con un terapeuta o consejero para obtener apoyo adicional en abordar problemas de autoestima y aprender estrategias efectivas para la recuperación.

Promueve Relaciones Saludables

Fomentar relaciones saludables es clave para tu bienestar:

- **Fomenta la Comunicación Abierta:** En cualquier relación, la comunicación clara y abierta es fundamental. Practica expresar tus pensamientos y sentimientos de manera honesta y receptiva.

- **Establece Expectativas Claras:** Asegúrate de que tú y tu pareja comprendan y respeten las expectativas en la relación. Esto incluye discutir y acordar cómo manejar los conflictos y cómo atender las necesidades y deseos de ambos.

- **Busca Relaciones Equitativas:** En una relación sana, ambos deben sentir que tienen voz y respeto igualitarios. Evita relaciones donde un miembro tenga control desproporcionado sobre el otro.

Recursos de Apoyo y Educación

La educación continua sobre el abuso y los recursos disponibles puede ser vital para tu recuperación:

- **Educación sobre Derechos y Recursos:** Infórmate sobre tus derechos como víctima de abuso y los recursos disponibles en tu comunidad. Esto incluye conocer las leyes locales, servicios de apoyo y organizaciones que puedan ofrecer asistencia.
- **Talleres y Seminarios:** Asiste a talleres y seminarios sobre abuso y autoestima para adquirir herramientas y estrategias adicionales para manejar y superar el abuso.

- **Profesionales Especializados**: Conéctate con terapeutas, consejeros y abogados especializados en abuso que ofrezcan apoyo y orientación personalizada para ayudarte a tomar decisiones informadas y efectivas.

REFLEXIONES FINALES

Deseo con todo mi corazón que este libro ilumine el camino hacia la liberación, la transformación y la felicidad en tu vida, al mismo tiempo que te dé el valor para salir de las redes del abuso y construir tu bienestar junto a tus hijos, otros familiares y tu red de apoyo. Eres muy valiosa, solo tienes que encontrar ese valor en tu corazón. Te envío un gran abrazo fraternal para guiarte hacia la luz de la fe y del verdadero Amor.

Hoy, en mis años dorados, me siento orgullosa no solo de haber sobrevivido al abuso, sino de haber sanado y de compartir la relación que tengo con mis hijas y mi madre. Con ellas tengo un amor y una conexión muy especiales; a su vez, tenemos una confianza extraordinaria y apoyo mutuo.

Mi hija mayor y mi hija menor han sido mi luz en un camino difícil y a veces oscuro, han sido mi inspiración y mi fuerza vital. Ellas han dado a mi existencia el valor para seguir adelante a pesar de los desafíos. Mis nietos son mi alegría y la esperanza de un mejor mañana cada día.

Mi madre, a quien doy gracias a Dios por aún tenerla conmigo, ha sido mi apoyo incondicional y una guía esencial en esta aventura de vivir.

Soy bendecida y agradecida de la vida por haber sabido sacar lecciones de mis adversidades y romper patrones familiares, para que ya no se repitan a través de las generaciones, sino que se conviertan en aliados que me sirvan para mejorar mi presente y, por ende, mi futuro.

Te invito, si estás viviendo en una relación tóxica de abuso, a que tomes todas las precauciones y construyas un mejor futuro para ti y tus hijos, lleno de bendiciones, alegría, esperanza y mucha prosperidad. Un gran abrazo que llene tu corazón de fuerza para siempre hacer lo mejor por ti y los tuyos, miles de bendiciones, y que la vida te traiga abundancia en salud, dinero y amor.

Sobre la autora

Julia Manriquez

nació en Colombia y creció en Chile.
Comenzó a escribir desde muy joven. Julia
trabajó como profesora de Educación Física
en Chile y continúa su carrera en educación,
ahora en Florida, como asistente bilingüe, con
un título en Inglés como Segundo Idioma.

Investiga y practica con entusiasmo
medicinas y terapias alternativas,
promoviendo un enfoque holístico
de la vida y el bienestar.

Julia es una orgullosa madre de dos hijas
adultas y una alegre abuela de dos nietos.

LIBROS Y SITIOS WEB RECOMENDADOS PARA SOPORTE ADICIONAL

Asociación Americana de Psicología
https://www.apa.org/

Comisión Económica para América
Latina y el Caribe (CEPAL)
https://www.cepal.org/en

Agencia de la Unión Europea para
los Derechos Fundamentalests
https://fra.europa.eu/en

Centro Nacional sobre
Violencia Doméstica y Sexual
https://www.ncdsv.org/

Coalición Nacional contra la Violencia Doméstica
https://ncadv.org/

Línea Nacional contra la Violencia Doméstica
https://www.thehotline.org/

Instituto Nacional de Salud Mental
https://www.nimh.nih.gov/

Oficina de Programas de Justicia Informe completo sobre la prevalencia, incidencia y consecuencias de la violencia
contra las mujeres
https://www.ojp.gov/pdffiles1/nij/183781.pdf

Naciones Unidas
https://www.un.org/en/

Fondo de Población de las Naciones Unidas UNFPA es la Agencia de las Naciones Unidas para la Salud Sexual y Reproductiva.
https://www.unfpa.org/

Centros para el Control y la Prevención de Enfermedades de EE.UU.
https://www.cdc.gov/

Organización Mundial de la Salud
https://www.who.int/

REFERENCIAS:

Parte I: Mi Testimonio

1. "Misógino." Merriam-Webster.com Diccionario, Merriam-Webster, https://www.merriam-webster.com/dictionary/misogynist. Consultado el 21 de mayo de 2025.

Parte II: Entendiendo la raíz del abuso

1. Forward, Susan; Torres, Joan. Hombres que odian a las mujeres y las mujeres que los aman: Cuando amar duele y no sabes por qué, (Random House Publishing Group, 2011), páginas 99-120.
2. Ídem., 33, página 8.
3. mha2975. "Abuso mental vs. abuso emocional." Mental Health Answers, 19 sept. 2023, mentalhealthanswers.org/mental-abuse-vs-emotional-abuse/.
4. Gordon, Sherri. "¿Cuáles son las señales del abuso verbal?" Verywell Mind, Verywell Mind, 20 mayo 2024, www.verywellmind.com/how-to-recognize-verbal-abuse-bullying-4154087.
5. APA Div. 12 (Society of Clinical Psychology). "¿Qué es la terapia cognitivo-conductual?" American Psychological Association, 2017, www.apa.org/ptsd-guideline/patients-and-families/cognitive-behavioral.
6. "Relaciones abusivas (para adolescentes) | Nemours Kidshealth." Editado por Allison T. Dovi, KidsHealth, The Nemours Foundation, ago. 2021, kidshealth.org/en/teens/abuse.html.
7. Expert Participation. "Ley de Abuso Doméstico 2021." Legislation.Gov.Uk, Statute Law Database, 2021, www.legislation.gov.uk/ukpga/2021/17/contents.
8. "Terapia de Desensibilización y Reprocesamiento por Movimientos Oculares (EMDR)." American Psychological Association, 2017, www.apa.org/ptsd-guideline/treatments/eye-movement-reprocessing.
9. Asamblea General de las Naciones Unidas resolución 34/180. "Convención sobre la Eliminación de Todas las Formas de Discriminación contra la Mujer. Nueva York, 18 de diciembre de 1979 | Ohchr." Oficina del Alto Comisionado de las Naciones Unidas para los Derechos Humanos, 3 sept. 1981, www.ohchr.org/en/instruments-mechanisms/instruments/convention-elimination-all-forms-discrimination-against-women.
10. Michele C. Black; Kathleen C. Basile; Matthew J. Breiding; Sharon G. Smith; Mikel L. Walters; Melissa T. Merrick; Jieru Chen; Mark R.

Stevens. "Encuesta Nacional sobre Violencia por Pareja Íntima y Violencia Sexual (NISVS): Informe Resumen 2010." National Coalition Against Domestic Violence, 2010.

11. "Organizaciones No Gubernamentales (ONGs) en los Estados Unidos." Departamento de Estado de EE.UU., 20 ene. 2025, www.state.gov/bureau-of-democracy-human-rights-and-labor/releases/2025/01/non-governmental-organizations-ngos-in-the-united-states..